Adam von Bartsch

Anton Waterlo's Kupferstiche, ausführlich beschrieben

Adam von Bartsch

Anton Waterlo's Kupferstiche, ausführlich beschrieben

ISBN/EAN: 9783742869371

Hergestellt in Europa, USA, Kanada, Australien, Japan

Cover: Foto ©Andreas Hilbeck / pixelio.de

Manufactured and distributed by brebook publishing software
(www.brebook.com)

Adam von Bartsch

Anton Waterlo's Kupferstiche, ausführlich beschrieben

ANTON WATERLO'S

KUPFERSTICHE.

AUSFÜHRLICH BESCHRIEBEN

VON

ADAM BARTSCH,

Kuſtos und Auffeher der Kupferſtichfammlung in der k. k. Hofbibliothek, und wirkl. Mitglied der k. k. Akademie der bildenden Künſte in Wien.

W I E N,

b e y A. B l u m a u e r.

1 7 9 5.

VORBERICHT.

Die Lebensumfände *Anton Waterlo's*
find wenig bekannt ; kaum weifs man , ,
wann und wo diefer Künftler geboren ift.
Nach *Descamps* Meinung kam er um · as
Jahr 1618 zur Welt. Als fein Geburtsort
wird theils *Amfterdam*, theils *Utrecht* an-
gegeben. Gewifs ift wenigftens, dafs er in
einem zwifchen *Maarfen* und *Breukelen*,
nächft *Utrecht*, gelegenen Orte, viele Jahre
gewohnet hat. Er ftarb in mifslichen Um-
ftänden, im Hiobs - Spitale bey *Utrecht*.

Diefer Künftler mahlte Landfchaften,
welche fo, wie feine Zeichnungen, fehr

gefchätzt und gefucht werden; dennoch
fcheint es, dafs er feinen ausgebreiteten
Ruhm weniger durch feine Gemählde, als
durch eine grofse Anzahl geiftreich geätzter
Kupferftiche erworben hat. Diefelben find,
wie man behauptet, alle nach der Natur
aufgenommen, und fiellen gröfsten Theils
Gegenden um *Utrecht* vor.

Waterlo's Lieblingsgegenftände waren Waldungen, in deren Darftellung er
Meifter war. Man findet darin das wahre
Bild der Natur, und mufs befonders die
vortreffliche Art, womit er den Baum-
fchlag behandelt hat, bewundern. Gegenden von weitem Umfange hat er felten,
weit öfter aber eine kleine Waldgegend,
den Theil eines an den Ufern mit Gehölze bewachfenen Baches, einen Felfenhügel, ein einfames am Wafler gele-
genes Dorf, eine Einfiedeley, und andere dergleichen gefperrte Landfchaften ge-
fchildert.

Das Einzige, was man an einigen feiner
Kupferftiche auszufetzen findet, ift, dafs
er darin die gute Auswahl von Licht und
Schatten vernachläffiget, folglich die Harmonie nicht angebracht hat, welche die
vorzüglichfte Schönheit feiner Gemählde
ausmacht. In der Darftellung von menfch-
lichen Figuren und von Thieren war er
wenig geübt; auch liefs er, wie *Houbraken*
berichtet, grofsen Theils feine Gemählde
durch *Weenix* und andere Künftler damit
auszieren. In feinen Kupferftichen brachte
er fie fparfam an; und die wenigen, die
man darauf antrifft, find meiftens Beweife
von feiner Schwäche in diefem Theile der
Kunft.

Als Kupferftecher betrachtet, hatte
Waterlo eine ihm ganz eigene Methode,
welche nicht leicht mit der Art irgend eines anderen Meifters kann verglichen werden. Er liefs feine Platten gewöhnlich
fchwach ätzen, ohne fie jemahls, wie *Her-*

man Saft-leven und mehrere andere Künſt-
ler, ein zweytes Mahl zu überätzen. An-
ſtatt deſſen pflegte er zuweilen die Hinter-
gründe, damit ſie von den Mittel - und
Vorgründen gehörig zurückwichen, gegen
das tiefere Eindringen des Ätzwaſſers zu
decken. Unter mehreren Beyſpielen hier-
von dienet das Blatt Nro. 56., wo die grof-
ſe, waldige Maſſe ſich von dem tiefgeätz-
ten Baume, welcher zur Linken auf dem
Vorgrunde ſteht, ſehr wohl ablöſt. Weit
öfter aber ätzte er die ganze Platte in einem gleichen Grade von Stärke, und
brachte nachher alle noch fehlenden Ver-
bindungen der Töne, und die Verſtärkung
der Schatten blofs mit dem Grabſtichel
hervor. In dem Blatte Nro. 55. z. B. ſind
die auf dem Mittelgrunde zur Linken, am
jenſeitigen Ufer des Baches, ſtehenden Gebüſche von den im Hintergrunde zur Rechten befindlichen Gegenſtänden, ſo wie von
den zwey vorn am diesſeitigen Ufer ſich
emporhebenden hohen Bäumen meiſter-

haft abgefondert; dennoch find diefe drey
verfchiedenen Gründe, wie man bey näherer Unterfuchung, befonders an den lichten Theilen der Baumblätter, leicht gewahr wird, alle fehr fchwach, und in einem ganz gleichen Töne geätzt, die fchönen Abftufungen der Töne in diefem Blatte
daher blofs durch Grabftichelarbeit, welche, nach Erfordernifs, fparfamer oder häufiger angebracht ift, erft nachher bewirket
worden.

Waterlo wandte überhaupt den Grabftichel häufig an; er überarbeitete damit
nicht allein die Blätter, fondern vorzüglich die Stämme faft aller feiner Bäume.
Kleine Äfte fetzte er zuweilen blofs mit
demfelben hinzu. Wir fehen diefes in dem
Blatte Nro. 83. Die kleinen Äfte, welche
aus dem zur Linken an der Pfütze befindlichen Gebüfche, neben dem abgeftumpften Baume, hervorragen, waren gar nicht
radiert, fondern find von dem Künftler mit

dem Grabftichel allein hinzugefetzt worden. Auch den auf dem Blatte Nro. 116
am Vorgrunde zur Rechten ftehenden
Baum hatte *Waterlo*, wie man auf einem
Ätzdruck des in der k. k. Hofbibliothek
befindlichen Werkes von diefem Meifter
fehen kann, ohne alle Blätter radiert, und
das Laubwerk und einige kleine Äfte,
welche man in den gewöhnlichen Abdrücken diefes Blattes antrifft, erft nachher,
und zwar blofs mit dem Grabftichel hinzu
geftochen.

Weil alfo *Waterlo's* Platten feicht geätzt, und mit dem Grabftichel ftark überarbeitet find; fo mufsten fie nothwendig,
bey der öfteren Benützung, indem die ge-
ätzten Striche immer feichter, und daher
im Abdrucke bleicher wurden, indefs die
mit dem Grabftichel gearbeiteten, ihrer
Tiefe wegen, an Schwärze faft gar nicht
abnahmen, Abdrücke geben, in welchen
die Verbindung der Töne aufgelöfet, und

die Harmonie des Ganzen auf die widrig-
fte Art unterbrochen ift.

Diefe fchlechten Abdrücke pflegt man
faft allgemein *retouchirt* zu nennen, indem
man vorausfetzt, dafs die Platten, von denen fie herrühren, nicht urfprünglich, und
von *Waterlo* felbft, fondern erft nach vor-
hergegangener Benützung, und von einer
fremden Hand überarbeitet worden feyn.
Wie fehr man aber hierin irre, zeigt fich
bey der Vergleichung eines noch guten
Abdruckes mit einem folchen vermeint-
lich retouchirten, da man in diefem weder
verftärkte Striche, noch weniger aber einen Zufatz neuer Striche gewahr werden
kann. Blofs einige wenige Platten find
fpäterhin, aber auch nur in den dunkeln
Vorgründen, niemahls in den Bäumen,
von fremden Händen aufgeftochen worden. Man hat diefe Platten, und die Stel-
len, welche aufgeftochen find, jedes Mahl
in der Befchreibung angezeigt.

Waterlo's vortreffliche, man möchte
fagen, in ihrer Art faft einzige Kupferftiche haben von jeher dem Künftler zum
lehrreichen Unterrichte , dem Liebhaber
zum lebhafteften Vergnügen gedienet,
und find daher immer fehr gefucht worden. Weil aber diefe Stücke blofs Landfchaften, folglich folche Gegenftände vor-
ftellen, die einzig durch Anordnung und
Modificationen von einander unterfchie-
den find; fo hatten Verkäufer und Käufer,
wenn fie von einander entfernet waren,
immer die gröfste Mühe, jene, über ihre
angebothenen, diefe, über die verlangten
Blätter, fich beftimmte und deutliche Anzeigen , und Aufträge zu ertheilen. Ein
Verzeichnifs, worauf man fich hätte be-
rufen können, war alfo lange fchon für
alle diejenigen, die mit Waterlo's Kupferftichen was immer für einen Verkehr hatten, ein Hülfsmittel, das fie hart vermif-
fet haben.

Diefem Mangel abzuhelfen, ift der End-
zweck des Verzeichniffes, welches hier-
mit dem kunftliebenden Publico vorgelegt
wird. Daffelbe ift nach dem herrlichen,
und fo viel dem Herausgeber bekannt
ift, vollftändigen Werke unferes Meifters,
welches fich in der Kupferftich - Samm-
lung der k. k. Hofbibliothek befindet,
verfafst worden. Alle Stücke find darin
fo genau und ausführlich befchrieben, als
es nöthig ift, den Lefer in den Stand zu
fetzen, dafs er fie beftimmt erkennen
möge, und von einander zu unterfcheiden wiffe. Jedem Stücke ift nebft einer
Nummer, eine auf deffen Vorftellung fich
beziehende, befondere Benennung vor-
gefetzt, damit die Verfaffer der Auc-
tions-Kataloge, welche davon Gebrauch
machen wollen, jeder weitern, mühfa-
men Befchreibung überhoben feyn mögen,
und die Liebhaber ihre Nachfuchungen
bequemer und gefchwinder vornehmen
können.

Um denjenigen, welche von ihren Kupferftichen die Befchreibung in diefem Verzeichniffe auffuchen wollen, das Nach-
fchlagen zu erleichtern, hat man am Ende ein Regifter angehängt, worin die
nach dem alten franzöfifchen Mafsftabe,
dem fogenannten *pied du roi*, genomme-
ne Breite und Höhe aller Blätter, fammt
der Hinweifung auf die Nummern und
Benennung, welche fie im Verzeichniffe
haben, angemerkt find.

ANTON WATERLO'S
KUPFERSTICHE.

---

1. *Die zwey Bauern in der Allee.*

Eine Waldgegend. In der Mitte des Blattes
zeigt fich auf dem zweyten Plane eine dichte
Reihe von Bäumen, die fich rechts quer herüber zieht. Weiter hinaus, auf dem dritten
Plane, ift ganz zur Linken eine andere Gruppe
von Bäumen, welche mit der erfteren eine
Allee bildet, an deren Eude man in der Ferne einen Zaun, und hinter demfelben Gefträuch
gewahr wird. In der Allee gehen zwey Bauern
neben einander. Auf dem Vorgrunde rechts,
ftehen, dicht am Rande des Blattes, zwey
fchlanke Bäume, die bis an den oberen Bord
der Platte reichen.

Oben zur Linken, in der Ecke liest man:
A. W. ex.

Breite: 3 Zoll, 7 Lin. Höhe: 3 Zoll.

2. Das verfallene Mauerwerk.

Diefes Blatt ftellet ein etwas rundlich ge-
zogenes, aber fehr verfallenes Gebäude vor,
welches die Platte von der linken zur rechten
Seite ganz ausfüllt. In der Mitte hat es eine
grofse gewölbte Öffnung, durch die man in
der Ferne ein Stück von einer Wafferleitung,
und daneben ein Bäumchen gewahr wird.
Das Gebäude ift oben faft in gerader Linie
abgetragen; nur mitten auf dem Bogen fteht
noch ein Stück Mauer höher empor, das, fo
wie alles Übrige, mit Lattich bewachfen ift.
Der Vorgrund zur Linken ift mit wildem Gefträuche dicht bedeckt, und zur Rechten fieht
man eine mit Schilf bewachfene Pfütze.
Oben links liest man : A. W. ex.

Breite: 3 Zoll, 9 Lin. Höhe: 3 Zoll, 3 Lin.

Eine Folge von vier Blättern.

3. Die Oeffnung durch den Felfen.

1.) Auf diefem Blatte ift ein grofser Felfen
vorgeftellt, welcher von dem rechten Borde
links über mehr als zwey Drittheile der Platte fich erftreckt. Er ift oben mit Gefträuche
und Bäumen bewachfen, und hat unten eine
weite Öffnung, welche die Ausficht in eine
kleine Fernung gewährt. Am Eingange der

Öffnung fitzt rechts auf der Erde ein Wanderer, welcher auf dem Rücken Gepäcke trägt.
Oben in der Ecke links, liest man: A.W. F.

Breite : 4 Zoll , 4 Lin. Höhe : 3 Zoll , 9 Lin.

4. Die Einfiedeley.

2.) Am Fuſſe eines groſsen hier und da
mit Geſtäude bewachſenen Felſens, welchen
man zur Linken des Blattes ſieht, iſt ein Häuschen, das eine Einſiedeley vorzuſtellen ſcheint.
Auf dem Vorgrunde zur Linken ſtehen dicht
neben einander, zwey hohe Bäume, die bis
an den oberen Rand der Platte reichen, und
ein wenig rechts herüber ſich neigen. Das
Land vorn zur Rechten hat einige Hügel,
wovon die erſteren zwey eine Art von Hohl-
weg bilden, auf welchem man einen Mann
ſieht, der an feinem Stabe einen Bündel auf
dem Rücken trägt, und gegen das Häuschen
geht. In der Ferne ſteht quer her eine faſt gerade Reihe von Bäumen, und hinter denſelben
zeigt ſich ein kleiner Berg.

Oben in der linken Ecke liest man: A.W. F.

Breite : 4 Zoll, 5 Lin. Höhe : 3 Zoll , 9 Lin.

5. Der kleine Waſſerfall.

3.) Man ſieht hier zur Rechten mehrere über
einander liegende Felſenſteine, welche von dem
rechten Borde herüber bis zur Mitte der Plat-

te reichen. Sie find mit Geftäude, und oben mit
Bäumen bewachfen. Zur Linken des Blattes
ift ein ebenfalls mit hohem und niederem Gehölze bewachfener kleiner Hügel, welcher
rechts hinüber fich abwärts zieht, und mit
den Felfen fich verbindet. Hier zeigt fich ein
kleiner Wafferfall, wovon das Waffer in eine
Art von natürlichen Becken ftürzt, welches
den Vorgrund ausmacht. Durch die Öffnung
zwifchen den Felfen und dem Hügel, fieht
man, faft in wagerechter Linie, einen Damm,
und hinter demfelben Gebüfch am Fuffe eines grofsen Berges, welcher von der Linken
zur Rechten fich hinauf zieht. Einen anderen
Berg wird man zur Linken in der Fernung
gewahr.

Oben links in der Ecke liest man: A. W. f.

Breite: 4 Zoll, 5 Lin. Höhe: 3 Zoll, 10 Lin.

Es gibt von diefer Platte fchlechte Abdrücke,
auf denen man unter den Buchftaben: A. W. F. die
Adreffe: R. et I. Ottens ex. liest.

6. Der krumme Steg zum Felfenloch.

4.) Eine felfige Landfchaft. Zur Rechten
des Blattes fieht man einen fteilen, nur hier
und da mit Gefträuche bewachfenen, und oben
in zwey Gipfel getheilten Felfen. Am Fufse
deffelben ift ein grofser Erdhügel, von welchem ein krummer Steg in eine Höhle hinauf
führt, die man feitwärts am Felfen entdeckt;

Über diefen Hügel treibt ein Hirt eine kleine Heerde von Schafen gegen den Steg hinauf. Der fehr dunkel gehaltene Vorgrund ift eine Anhöhe, welche zur Linken etwas erhabener ift, und rechts herüber fanft fich hinab neigt. Auf derfelben fieht man zwey Gruppen, die eine aus vier, die andere aus drey dicht an einander ftehenden Bäumen. Zwifchen beyden Gruppen zeigen fich zwey über die Anhöhe herauf gehende Figuren.

Oben links, in der Ecke liest man: A. W. f.

Breite: 4 Zoll, 5 Lin. Höhe: 3 Zoll, 9 Lin.

Da die Platten erft nach der Zeit von 1 bis 4 nummerirt wurden, fo find die fo bezeichneten Abdrücke fchwach, und von geringerem Werthe.

Eine Folge von zwölf Blättern, welche oben in der Ecke zur Linken mit Nummern, von 1 bis 12 bezeichnet find*).

7. Die Rückkehr des Fifchers.

1.) Diefes Blatt ftellet vor ein Dorf an

---

*) Ein Verleger, der diefe Platten fpäterhin, da fie fchon fehr abgenützt waren, herausgab, änderte diefe alten Nummern: die Ziffer 9 auf Nr. 15 ward in 3, 10 auf Nr. 16 in 4, und 12 auf Nr. 18 in 2 verändert.

B

einem Fluſſe, der die ganze Breite der Platte,
und deſſen Ufer, das ſich vom linken Rande
rechts hinüber gegen die Ferne hinaus ziehet,
mehr als fünf Sechstheile der Platte einnimmt.
Am Ufer ſieht man zuförderſt eine hohe und
breite Mauer, an welcher oben ein Gerüſt von
Balken, und unten ein Thor angebracht iſt.
Neben der Mauer, weiter hinaus ſteht ein ziemlich hohes Haus mit zwey Rauchfängen; daran iſt gegen das Waſſer hin, ein niedrigeres
und ſchmähleres Haus, und an dieſem eine
noch niedrigere Hütte angebaut. Hinten ſtehen Bäume herum, welche über das Dach hinaus reichen. Nach einem Zwiſchenraume zeigt
ſich, in einer gröſsern Entfernung, ein frey-
ſtehendes Bauernhaus mit Bäumen. Daneben,
und demſelben gegenüber, ganz an der Spitze
des Ufers, ſteht eine Gruppe von vier hohen
Bäumen. In der Ferne zur Rechten zeiget ſich
unter Bäumen und Häuſern eine Kirche mit
einem hohen Thurm, zwiſchen einer andern
noch mehr entfernten Kirche und einer Windmühle. Neben der zuerſt erwähnten hohen
Mauer fährt ein Mann in einem kleinen Nachen gegen das Ufer.

Unten zur Linken, auſſer dem Rande der
Platte lieſt man: *Antoni Waterlo fecit et ex-
cudit.*

Breite: 5 Zoll, 2 Lin. Höhe: 3 Zoll, 5 Lin.

8. Die Ankunft der Reifenden bey der Dorffchenke.

2.) In der Mitte diefes Blattes, in einiger Entfernung, fteht eine mit Stroh gedeckte Dorffchenke an einer breiten Straffe, welche aus dem Hintergrunde bis an den Vorgrund, und gegen die Ecke flachhin fich zieht. Neben der Schenke, herwärts gegen den Zufchauer und den rechten Bord der Platte, erheben fich zwey dickftämmige Bäume an jeder Seite eines Schlages, welcher den Eingang zu einem umzäunten Baumgarten fperret. Vor der Schenke, gegen die Straffe zu, fitzen zwey Bauern auf einer Bank, und auf der Straffe felbft, fteht ein mit zwey Pferden befpannter Wagen, auf welchem vier Reifende und der Fuhrmann fitzen. Daneben fieht man einen Mann mit einem Sacke auf dem Rücken, einem Stabe, und der rechten Hand auf die Achfel eines Jungen, der vor ihm ftehet, gelehnet, welcher die Reifenden um Almofen zu bitten fcheinet. Im Hintergrunde zur Linken zeigt fich, in fehr weiter Entfernung, die Anficht eines Dorfes.

Breite : 5 Zoll. Höhe : 3 Zoll, 3 Lin.

9. Der Ziehbrunn.

3.) An dem Ufer eines Fluffes, welcher

B 2

vorn die ganze Breite des Blattes einnimmt,
fieht man den Theil eines mit Mauern um-
gebenen Ortes. Sie erftrecken fich vom rechten Borde bis über zwey Drittheile der Platte, und ziehen fich in die Ferne hinaus. Ganz
vorn, zur Rechten, fteht ein runder Thurm,
welcher oben flach, und nur wenig höher als
die Mauer ift; an demfelben ift ein Haus angebaut, neben deffen Thüre ein kleiner Baum
fteht. Weiter fort ift eine fehr lange Stadtmauer gezogen, in deren Mitte ein grofses ge-
wölbtes Thor, und an deren Ecke ein runder, oben zugefpitzter Thurm angebracht ift.
Von der Thüre des Haufes herüber, gegen
das Waffer, fieht man dicht am Borde ei-
hen Ziehbrunnen, mit einem auf einer Ga-
belftange fich fchwingenden grofsen Hebe-
baume, an deffen einem Ende eine Stan-
ge hängt, vermittelft welcher man Waffer auf ein hohes Gerüft ziehen kann, aus
welchem eine Rinne das Waffer in das Haus
durch eine Fenfteröffnung leitet. Auf dem Gerüfte fteht ein Mann, der eben befchäftiget
fcheint, das aufgezogene Waffer in die Rinne
zu giefsen. An dem Gerüfte lehnt eine Leiter,
neben welcher zwey Männer ftehen, die mit-
éinander fprechen: eine andere Mannsfigur
entdeckt man unter dem grofsen Thore in der
Stadtmauer; und von diefem Thore herüber
fieht man, neben dem Ufer, im Waffer einen
Kahn, in welchem ein Mann feine Ladung

ordnet. Zur Linken gegen den Vorgrund,
fchwimmen Änten im Waffer, und im Hintergrunde zeigt fich, in fehr weiter Entfernung,
eine Stadt am Ufer des Fluffes.

'Breite: 5 Zoll, 1 Lin. Höhe: 3 Zoll, 4 Lin.

10. *Das Dorf mit der Waffermühle.*

4.) Zur Rechten diefes Blattes fteht eine
Waffermühle mit einem Strohdache; mehrere Stangen, wovon eine über dem Dache auf
Gabeln ruhet, die anderen aus dem Giebel
hervorragen, find mit Tauben befetzt, deren
einige auch herum fliegen. Längft der Mühle,
gegen den Vorgrund, ilt das Wafferrad, und
darüber eine grofse Rinne angebracht, aus
welcher das Waffer in den Mühlbach herab-
ftürzt. Diefer fliefst in einem mit Bretern be-
fchlagenen Kanale am Vorgrunde quer her,
bis faft an die linke Ecke des Blattes, wo man
jenfeits eine kleine Erhöhung fieht. Rechts
ganz an dem Borde der Platte, fteht auf einem Erdhügel ein Mann, welcher fich über
die Rinne'bückt. An der einen Ecke der Mühle fitzt unter einem Baume eine Frau auf der
Erde, die einen Bündel auf dem Rücken hat;
fie fcheinet mit einem Manne und einem Weibe zu fprechen, welche, jener hin, diefes her,
vor ihr vorbeygehen. Von der Mühle weiter
hinaus ftreckt fich eine kleine Anhöhe, welche oben mit Bäumen, die ein gerade fortge-

zogener Zaun einfchliefst, dicht bewachfen ift,
bis zu einer Schenke, vor welcher ein Wagen, worauf einige Reifende fitzen, ftille
ftehet.

Breite : 5 Zoll, 1 Lin. Höhe: 3 Zoll, 4 Lin.

11. *Die Dorfkirche.*

5.) Auf dem Mittelgrunde diefes Blattes
fteht eine Kirche, wovon die Giebelfeite gegen den Zufchauer gerichtet ift. Hinten gehet ein Seitenflügel hervor, welcher quer her
bis in die Mitte des Blattes reicht, und mit
dem Kirchengebäude einen Winkel bildet,
an welchem, oben am Dache, ein fpitziges
Thürmchen angebracht ift. Vorn an der Ecke
der Giebelfeite, gegen die Mitte des Blattes,
ift ein niederes Häuschen, und vor diefem
fteht eine Hütte, hinter welcher ein Bäumchen hervorragt. Weiter hinüber linkerfeits
fteht eine Kirchhofmauer, die eine Ecke macht,
und dann gerade fich gegen den Hintergrund
zieht. Vorn ift an derfelben ein Thor. Über
die Ecke herum ift fie mit drey Pfeilern unter-
ftützt, und ganz an ihrem Ende, gegen die Ferne
hinaus, fteht ein kleines Haus, neben welchem
Bäume aus dem Kirchhofe fich empor heben.
Zur Linken des Blattes ift ein Flufs, auf dem
man einen Kahn mit zwey Männern fieht.
Auf dem Vorgrunde zur Rechten, fitzt an der
Ecke eines verfallenen Zaunes, ein Bauern-

weib, das in der Hand ein Stäbchen hält,
und neben ihr auf der Erde einen Korb hat.
Breite: 5 Zoll, 2 Lin. Höhe: 3 Zoll, 4 Lin.

12. *Der viereckige Thurm am Waſſer.*

6.) Auf dieſer Landſchaft ſieht man einen Fluſs, welcher vorn die ganze Breite der
Platte einnimmt. Das Ufer fängt von dem
rechten Borde an, und zieht ſich links hin, bis
mehr als drey Viertheile der Platte, in die
Ferne hinaus. Ganz vorn ſteht eine lange und
hohe, zum Theil verfallene Mauer, die ſich
bis an einen viereckigen grofsen Thurm erſtreckt, welcher gegen das Waſſer vorſpringt,
und an deſſen Wänden, wovon zwey höher
als die anderen ſich erheben, und oben Ein-
ſchnitte haben, verſchiedene grofse und kleine Fenſter allerwärts, ohne Ordnung, angebracht ſind. Weiter hinaus iſt eine Strecke
des Ufers mit Bäumen und Geſtäude beſetzt,
und ganz am Ende, wo es eine Ecke bildet,
ſteht ein runder Thurm, mit einem oben zu-
geſpitzten Dache. Dort ſieht man im Waſſer
einen Kahn, worin zwey Männer ſitzen; ein
anderer, ebenfalls mit zwey Männern, iſt näher herwärts bey dem Thurme, und ein dritter, worauf man blofs eine Fiſchreuſe bemerkt, iſt ganz vorn nächſt der langen Mauer
angehängt.
Breite: 5 Zoll, 2 Lin. Höhe: 3 Zoll, 3 Lin.

13. *Die drey Angeler auf der kleinen Brücke.*

7.) Auf diefer Landfchaft fieht man, faft in der Mitte des Blattes, eine kleine Brücke über einen Bach, der quer herüber gegen die rechte Seite, bis an die untere Ecke des Blattes, und dann, in einigen Krümmungen, in die Ferne hinaus feinen Lauf hat. Mitten auf der Brücke fitzt ein Mann, welcher feine Fifch-angel im Waffer hält; zu deffen Linken fteht ein anderer, der eben daffelbe thut, und hinter beyden ein dritter, der den Rücken kehrt, und Ruthe und Schnur beyfammen haltend, die Angel hoch trägt. Neben ihm ift ein Hund. Das Ufer ift allenthalben mit Bäumen befetzt, zwifchen welchen man hier und da Bauern-häufer gewahr wird. In der Fernung zeigt fich ein fpitziger Thurm. Auf dem Vorgrunde zur Linken, zeichnet fich eine Gruppe von drey beyeinander ftehenden Bäumen aus, neben denen ein Geländer, das aus zwey Stöcken mit einem Querbalken befteht, angebracht ift.
Breite: 5 Zoll , 1 Lin. Höhe: 3 Zoll , 3 Lin.

14. *Die vier Bauern auf dem Erdhügel.*

8.) Auf dem Mittelgrunde diefes Blattes, etwas zur Rechten, erhebt fich ein runder Hügel, der die Form einer von Erde aufge-worfenen Schanze hat, und mit einem Flecht-

werke umzäunet ift, wohin durch eine fehr
breite Öffnung ein eben fo breiter Weg führt,
der bis an den unteren Rand der Platte fich
hervor zieht. Zur Linken, auf diefer Anhöhe, gegen die Mitte des Blattes, ift eine Gruppe von drey Männern, deren einer von hinten zu fehen, auf der Erde fitzt, und mit den
zwey anderen fpricht, welche zu beyden Seiten ftehen, und wovon der an der Rechten
einen Bündel auf dem Rücken trägt, und auf
feinen Stab fich lehnt. Eine vierte Figur, die
weiter links, auffer dem Zaune fteht, beugt
fich mit dem Leibe herüber, und deutet mit
der rechten Hand rückwärts. Hinter diefen
Figuren, auffer dem Zaune, ftehen einige Bäume. Zur Linken des Blattes ift ebenes Land,
das auf dem Mittelgrunde durch einen quer
herüber gezogenen Zaun abgetheilet ift. Im
Hintergrunde ift die Anficht eines Dorfes mit
vielen Bäumen.

Breite: 5 Zoll, 1 Lin. Höhe: 3 Zoll, 3 Lin.

15. *Die Landkutfche auf dem Wege*
nach Schevelingen.

9.) Diefe Landfchaft fcheint das Ufer am
Meere bey Schevelingen nächft dem Haag,
vorzuftellen. Der Vorgrund befteht aus einer
fanften Erhebung, welche vom rechten Borde, wo fie am höchften ift, links hinüber bis
an die Ecke des Blattes fich herabneigt. Auf

der Mitte diefer Erhebuug lieht man einen
aufwärts fahrenden, mit zwey Pferden be_
fpannten Wagen, auf welchem mehrere Per.
fonen fitzen. Vor dem Wagen reitet ein mit
einem Mantel bedeckter Mann, und vor demfelben geht ein Bauer mit einem Weibe und
einem Kinde her. Gegen die Linke des Blattes, zieht fich das Ufer weiter in die Ferne
hinaus, wo das Dorf Schevelingen, und unter deffen Häulern ein hoher fpitziger Thurm
fich zeiget. Zur Linken des Blattes ift das
Meer mit einigen Schiffen, zu welchen verfchiedene Perfonen, durch das Waffer watend,
vom Geftade hingehen.

Breite; 5 Zoll, 1 Lin. Höhe: 3 Zoll, 5 Lin,

16. Die Treppe in das Waffer.

10.) Auf diefem Blatte nimmt die ganze
Breite ein Flufs ein, deffen Ufer fich vom
rechten Borde bis über drey Viertel der Platte links hin gegen die Ferne hinaus zieht.
Ganz vorn ift es mit Mauerwerk bekleidet,
und eine daran befeftigte hölzerne Treppe
führet neben einem vorfpringenden fchmahlen Mauergeländer in das Waffer hinab. Oben
fieht man zwey Männer, deren einer ein Fafs
wälzt; der zweyte an einem anderen die Rei-
fen befeftigt. Ein dritter fchaut über das Geländer in das Waffer auf einen Kahn hinab,
in welchem ein Fifcher feine Körbe in Ord-

nung legt. Weiter hinaus, in gerader Linie,
steht ein sechseckiger Thurm, und neben diesem ein Haus, dessen Aussenwand bis in das
Wasser hinabreicht. Noch weiter sieht man
auf dem hohen mit Balken ausgezimmerten
Ufer einige Bootsknechte Tonnen und Fässer
herbeybringen, die für die Ladung eines unten im Wasser stehenden Bootes bestimmt zu
seyn scheinen. Zu beyden Seiten des Bootes,
das ein Segel hat, stehen zwey Kähne. Ganz
in der Ferne ist die Ansicht eines Ortes, und
im Wasser zeigt sich noch ein Boot unter
Segel.

Breite: 5 Zoll. Höhe: 3 Zoll, 5 Lin.

17. Der Widder, das Schaf und der Bock.

11.) Auf dem Vorgrunde dieses Blattes,
ein wenig rechts, liegt ein Widder, der den
Kopf herwärts kehrt. Neben ihm zur Linken,
steht ein Schaf, das von hinten zu sehen ist.
Hinter dem Widder, in einer kleinen Vertiefung, zeigt sich neben dem Stamme eines Baumes, der Kopf und der Vordertheil eines jungen Bockes, welcher gegen die rechte Seite
sich wendet.

Unten fast an dem Borde der Platte, gegen die linke Seite, steht der Buchstab B, und
weiter unten der Buchstab F. Es ist daher zu
vermuthen, daß nicht *Waterlo*, sondern ir-

gend ein anderer Künftler, deffen Nahme mit
B. fich anfängt, diefes Blatt geftochen habe.
Wirklich find die drey Thiere viel zu gut
gezeichnet, als dafs man fie für eine Arbeit
des *Waterlo*, der in diefem Theile der Kunft
fchwach war, halten könnte. Sehr wahr-
fcheinlich bedeutet der Buchftab B den Nahmen des *Marcus de Bye*, mit deffen Manier
diefes Blatt am meiften übereinftimmt.

Breite: 5 Zoll, 2 Lin. Höhe: 3 Zoll, 4 Lin.

18. *Die zwey fpitzigen Thürme.*

12.) Man fieht auf diefem Blatte einen
Ort an dem Ufer eines breiten Fluffes, welches fich in die Ferne hinaus ziehend, vom linken Borde bis gegen die Mitte des Blattes
hin, reicht. Ganz vorn ift eine kleine Anhöhe, auf welcher nebeneinander zwey mit fpitzigen Dächern verfehene fechseckige Thürme von ungleicher Höhe ftehen. Hinter dem
niedrigeren Thurme geht quer gegen den linken Bord hinüber, eine Hofmauer mit einem
öffenen Thore, innerhalb deffen man Bäume
gewahr wird. Am Fuffe der Thürme gegen
den Flufs herab, ift ein Haus angebaut, wovon die Vorderfeite bis in das Waffer reicht,
und neben welchem eine ziemlich breite, aus
fünf Stufen beftehende Treppe in das Waffer
führt. Neben dem Haufe folgt in gleicher Linie eine Stadtmauer mit einem Geländer, an

welchem fich zwey Perfonen zeigen. An dem
einen Ende der Mauer herwärts ift ein viereckiger unbedeckter Thurm, auf dem man
einen Menfchen fieht, und an der äufferften
wieder ein Thurm. Eine Strecke noch weiter
hinaus, liegen neben einander vier Schiffe mit
Segeln, und hinter denfelben erblickt man die
Fortfetzung des Ufers, das fich rechts in die
Ferne, wo man nebft einer Windmühle die
Thürme einer Stadt entdecket, hinaus verliert. Ganz vorn zur Rechten ragen einige
dünne Pfähle aus dem Waffer heraus, und
linkerfeits fieht man an der kleinen Anhöhe
zwey Männer in einem Kahne, welche vom
Ufer abfahren.

Breite: 5 Zoll, 1 Lin. Höhe : 3 Zoll, 4 Lin.

19. Der Aufgang in den Wald.

Zur Linken des Blattes ift eine kleine
Anhöhe, welche rechts herab, bis etwas mehr
als zur Hälfte des Stücks, in die Ebene fich
verliert. Diefe vorn mit Gras bewachfene Anhöhe ift der Aufgang in einen Wald, wovon
die Bäume bis zur Mitte des Blattes fich herüber ziehen. Zur Rechten des Bildes ift ein
Thal, wo man in der Ferne quer herüber Gebüfch, und hinter demfelben einen Ort gewahr wird. Diefe Fernung ift durch die mifs-
lungene Wirkung des Ätzwaffers, fchwach
und undeutlich ausgedrückt; das ganze Blatt

30

felbft ift nicht in dem fchönen Gefchmacke, den man in *Waterlo's* übrigen Stücken antrifft, gearbeitet, und fcheint eine feiner erfteren Verfuche zu feyn, wenn es wirklich von ihm ift, was allerdings bezweifelt werden kann. Breite: 5 Zoll, 4 Lin. Höbe: 3 Zoll, 1 Lin.

20. *Das Mühlwehr.*

In diefer Landfchaft, welche in dem Grauen der Dämmerung vorgeftellet ift, find die Gegenftände auf dem Vorgrunde fehr dunkel gehalten, und fchwer zu unterfcheiden. Man fieht zur Linken ein hohes, aus Holz gebautes Haus, an welchem man weder Thüren noch Fenfter unterfcheidet. Neben dem Haufe ift, gegen die Mitte des Blattes, ein Zaun zu fehen, über welchen Bäume hervorragen: der höchfte davon, welcher fich weit über alle anderen erhebt, ift faft ganz dürre. Zur Rechten zeigt fich ein Mühlwehr. Zwifchen diefen beyden im tiefen Dunkel gehaltenen Hauptgegenftänden, ift ein Bach, der fich fchlängelnd in die Ferne zieht. Dort fieht man quer herüber, verfchiedene Häufer, worunter drey Windmühlen find. Hinter den Häufern ift der Horizont licht.

. In der oberen Ecke zur Linken, liest man: A. W. ex.

Breite: 5 Zoll, 3 Lin. Höhe: 3 Zoll, 5 Lin.

Eine Folge von zwölf Blättern,

welche oben in der Ecke zur Linken mit Buchstaben, von a bis m bezeichnet sind *).

21. *Das Geländer an den vier Bäumen.*

1.) Auf dem Vorgrunde dieses Blattes, welcher von der linken Seite rechts herüber bis zur Mitte der Platte sich erstreckt, stehen ganz nahe am Borde, zwey hohe Bäume, deren Gipfel bis an den oberen Rand der Platte reichen; daneben stehen etwas weiter zwey dicke Weidenstämme, die nur oben einige Zweige haben. Zwischen diesen vier Bäumen ist ein Geländer von vier Querbretern, welche an zwey aufrecht stehenden Balken befestiget sind. Hinter dem Vorgrunde fliefst ein breites Wasser von der linken gegen die

---

*) Auf den schlechten, sehr spät gemachten Abdrücken dieser Folge von zwölf Blättern ist in der Nummer 21. der oben zur Linken befindliche Buchstab a ausgekratzt, und es steht an deffen Statt: *Tom. II.* Rechts ist *et ex* ebenfalls ausgekratzt, und dafür *Pag.* 259. hinzugesetzt. Auf dem Blatte Nr. 29. liest man neben dem oben zur Linken befindlichen Buchstaben *i* die mit neuerer Schrift hinzugesetzten Worte: *A. Waterlo fr.* Die Nr. 30. ist vorn an den dunkeln Schatten ein wenig überarbeitet.

rechte Seite quer her, und dann in die weite
Ferne hinaus. Von dem Vorgrunde gelangt
man, hinter dem Geländer, auf eine kleine
Brücke, welche über das Waſſer führt. Am
Ende der Brücke ſieht man jenſeits einen
Pfahl, woran oben eine Tafel, wie ein Schild,
befeſtiget iſt. Nahe bey geht ein Mann, der
ſeinen Stab auf der Achſel trägt. Über der
Brücke entdeckt man ein Bauernhaus, mitten
unter einer Menge von Bäumen, womit das
ganze Stück Landes, bis zu dem Waſſer hin,
dicht beſetzet iſt. In der Ferne wird man noch
ein Schiff unter Segel, einen Thurm und zwey
Windmühlen gewahr.

Oben am Rande zur Rechten, liest man:
Antoni Waterlo fe. et ex.

Breite: 5 Zoll, 5 Lin. Höhe: 3 Zoll, 6 Lin.

22. *Der Kirchhof am Waſſer.*

2.) Auf dieſem Blatte ſieht man Waſſer,
welches vorn die ganze Breite der Platte einnimmt. Das Ufer zur Linken erſtreckt ſich
rechts hin, bis über die Hälfte des Blattes,
indem es ſich in die Ferne hinaus zieht. Darauf zeigt ſich ein Haus von einem Stockwerke,
und daneben eine Kirche mit einem kleinen
geſpitzten Thurme, der mitten auf dem Dache
angebracht iſt. Dieſe zwey Gebäude ſind mit
einer langen Mauer umgeben, die gegen den

Vorgrund eine Ecke macht. Nicht fern davon
steht eine Figur vom Rücken zu fehen, welche mit einer andern, die auf der Erde fitzt,
zu fprechen fcheint. Gegen das entferntere Ende der Mauer ift ein Thor angebracht, neben
welchem auf jeder Seite längft der Mauer zwey
hohe Bäume ftehen. Von dem äufserften diefer vier Bäume rechts herüber, gegen das Waffer, reitet ein Mann, von hinten zu fehen, deffen Pferd vermittelft eines langen Seiles ein
kleines Both auf dem Waffer nach fich zieht.
In dem Bothe fitzen und ftehen fünf Perfonen.
Hinter dem Reiter geht ein Mann mit einem
Kinde an der Hand. Das Waffer zieht fich
in einigen Krümmungen links, wo man auf
dem jenfeitigen Ufer noch ein kleines Dorf,
und einen Kirchthurm fteht, als auch rechts,
wo man zwey Windmühlen, und zwifchen
beyden herwärts ein Segelfchiff gewahr wird,
in die Ferne hinaus.

Breite: 5 Zoll, 2 Lin. Höhe: 3 Zoll, 7 Lin.

23. Das Bauernhaus auf der Anhöhe.

3.) Zur Rechten diefes Blattes ift eine
kleine Anhöhe, die fich bis zur linken Seite
in die Ecke herab zieht. Darauf fteht ein Bauernhaus, von welchem links herab, bis über
die Mitte des Blattes, ein Breterzaun gezogen
ift. Neben dem Haufe erhebt fich innerhalb

C

dem Zaune ein Baum, welcher hoch über dem
Dache hinausreicht. Zwey andere hohe Bäume ftehen tiefer unten an der Öffnung des
Zaunes. Dort führt ein Weg herein, durch
welchen man auf die Anhöhe zum Haufe gelangt. Weiter links herüber, neben diefem
Eingange, ilt noch ein Stück Geländer, an deffen Ende ein dickftämmiger fchief gewachfener Baum mit fehr wenigen Älten fteht. Zu
beyden Seiten diefes Baumes hinaus, fieht
man auf dem Mittelgrunde eine Wiefe, welche in der Ferne quer her auch mit einem
Zaune verfchloffen ilt. An der Öffnung, die
fich ganz nahe bey dem linken Borde der Platte zeiget, wird man zwey Männer auf einem Wege gewahr, der gerade herwärts führt,
und dann rechts hin zu der Öffnung des nä-
heren Zauns, neben den zwey hohen Bäumen fich zu ziehen fcheint. Auf dem dritten
Plane, gegen die Mitte des Blattes, fieht
man im Hintergrunde, ein mit Bäumen umgebenes Haus, und weiter links, in der gröfsten Ferne, einen niederen Berg. Auf dem Hügel ftehen oder fitzen vor dem Haufe fünf Figuren, zu welchen noch zwey von der andern Seite herauf zu kommen fcheinen. Unter denfelben bemerkt man vorzüglich einen
ftehenden Bauer, der einen Pack auf dem Rücken, und einen Hund hinter fich hat.

Breite: 5 Zoll, 4 Lin. Höhe: 3 Zoll, 6 Lin.

24. Der fpitzige Kirchthurm im Dorfe am Meere.

4.) Diefes Blatt zeigt ein Dorf, welches am Meere liegt, und von der linken gegen die rechte Seite, in die Ferne fich hinaus zieht. Mitten unter den Häufern ragt eine Kirche mit einem hohen, fehr fpitzigen Thurme hervor. Die Kirche, auf deren Dache ein Storch fitzt, ift mit einer Mauer umgeben, innerhalb deren einige hervor ragende Bäume ftehen. Nicht fern von der Ecke diefer Mauer fieht man am Geftade zwey Mönche, wovon der eine fteht, und der andere fitzt, mit einander fprechen. Das Ufer ift fehr uneben, und an einer Stelle mit Pfählen verkleidet. Über diefes hinaus fieht man einen Kahn mit zwey Männern, und feitwärts ganz vorn ift eine Treppe, die zu einem Abfatze am Waffer führt, worauf ein Weib neben einem Troge kniend mit Wafchen befchäftiget ift. Das Meer ift in einiger Bewegung. Zur Rechten neben dem Borde zieht es fich in die weite Ferne hinaus, wo fich Schiffe mit ausgefpannten Segeln zeigen. Über demfelben fieht man Regen durch Wind getrieben in fchräger Richtung nieder gehen.

Breite: 5 Zoll, 4 Lin. Höhe: 3 Zoll, 6 Lin.

25. Die zwey von Haufe abfahrenden Schiffer. '

5.) Diefes Blatt ftellt einen am Waffer gelegenen Ort vor, der von der linken gegen die rechte Seite, mehr als zwey Drittheile der Platte einnimmt, und fich in die Ferne hinaus zieht. An ein von der Wafferfeite hohes Haus mit drey Rauchfängen, wovon der eine in der Mitte, die anderen zwey an den äufserften Enden des Daches angebracht find, fchliefst fich von beyden Seiten eine Mauer an, wovon das Stück, das herwärts bis an den linken Bord der Platte fich erftreckt, zum Theil verfallen ift. Daran ift ganz nahe vorn eine Thür, aus der man über einige Stufen zu dem Waffer hinab gehen kann. Nahe bey der Treppe fieht man zwey Perfonen in einem Kahne, worin Fifchreufen liegen, abfahren. Zuhöchft auf der Mauer, gerade über der Thüre find drey Männer, welche hinab fchauen. Das andere Stück der Mauer zieht fich von dem Haufe fort, gegen den Hintergrund bis an einen runden Thurm. Dicht an dem Haufe ift auch hier eine Thür, und an derfelben ein über das Waffer hervor gehender und auf Pfählen ruhender Steg, worauf fich zwey Männer zeigen, deren einer fteht, der andere aber fitzt, und zu angeln fcheint. Weiter hinaus, gegen die Thüre, fieht man einen Kahn mit zwey Figuren. Das Waffer nimmt vorn die ganze Breite des Blattes ein, und verliert fich rechts hinaus in die Ferne, wo man am Ufer ein Dorf mit vielen Bäumen, und neben diefen eine Kirche mit einem fpitzigen Thurme entdeckt. Vorn zur Rechten, in der Ecke, ift etwas Rohrwerk, aus welchem ein langer dünner Stock hervorragt, und linker Hand einige Änten hervor fchwimmen.

Breite: 5 Zoll, 4 Lin. Höhe: 3 Zoll, 5 Lin.

26. Die zwey Kühe auf der Fähre.

6.) Auf einem Fluffe, welcher über die ganze Breite des Blattes, von der rechten bis zur linken Seite fich erftreckt, und feinen Lauf in die weite Ferne nimmt, fieht man ganz vorn eine Fähre, worauf ein Schiffer drey Perfonen und zwey Kühe überführt. Der Vorgrund zur Rechten reicht bis in die Mitte des Blattes hervor, und ift mit ftraubigem Grafe bewachfen. Das jenfeitige Ufer nimmt mehr als drey Viertel der Platte ein, und zieht fich vom rechten Borde links hin, gegen die Ferne hinaus. Auf demfelben fteht in der Mitte ein Kaftell mit runden Thürmen. Von dem Kaftell links hinüber ift eine kleine Waldung, welche bis an die Spitze des Ufers hinaus reicht. Dicht an diefer Spitze fieht man im Waffer ein Both mit Segeln, und darüber hinaus, in der weiteften Entfernung ein Dorf,

mit einer Kirche, von vielen Bäumen umgeben.
Gegen die Mitte des Blattes wird man einen
Kahn mit zwey Figuren gewahr. Neben dem
Kaſtelle, zur Rechten des Blattes, ſteht eine
Gruppe von vier bis fünf hohen Bäumen,
und noch näher gegen den Bord zeigt ſich
zwiſchen dem Gebüſche eine Scheuer mit ei-
nem ſpitzigen Dache.

Breite. 5 Zoll, 3 Lin. Höhe : 3 Zoll, 6 Lin.

27. Der Wanderer bey den zwey Bäumen.

7.) Auf dem etwas erbabenen Vorgrunde,
welcher von dem rechten Borde quer herüber, bis in die Mitte des Blattes, ſich erſtreckt, ſieht man ganz nahe am Rande, einen Wanderer, der auf einem über die Schulter gelegten Stocke einen Pack trägt, und
ſeinen Weg links herab nimmt. Nicht fern
von ihm ſtehen ganz vorn, zwey dicht neben
einander gewachſene Bäume, deren Gipfel
beynahe bis an den oberen Rand der Platte
reichen. Von dem Vorgrunde führt ein Weg
auf eine kleine Anhöhe, die auf dem zweyten
Plane, gegen die Mitte des Blattes, zu ſehen iſt.
Auf derſelben ſteht ein mit Bäumen faſt ganz
umgebenes Fiſcherhäuschen, vor deſſen Thüre man vier Figuren, wovon drey ſtehen, und
eine auf der Erde liegt, gewahr wird. Zur Linken, neben dem Häuschen, ſteht ein mit zwey
Pferden beſpannter Wagen, und ein Mann zu

Pferde. Auf diefer Seite ift in der Ferne das
Meer, auf welchem vier Schiffe unter Segeln,
und herwärts neben dem Ufer, ein Kahn mit
zwey Figuren fich zeigen. Das Waffer reicht
hervor bis an den unteren Rand der Platte,
wo man in einer kleinen Bucht, und in der
Mitte desBlattes, noch einen andern Kahn fieht,
mit zwey Männern, deren einer befchäftiget
ift, eine Fifchreufe gegen das Vordertheil zu
fchieben. Rechts, über den Vorgrund hinaus,
fieht man in der Ferne quer herüber, eine Stadt
mit mehreren Thürmen und einigen Windmühlen.

Breite : 5 Zoll, 4 Lin. Höhe : 3 Zoll, 6 Lin.

28. Die Heerden, und der Reiter auf der Brücke.

8.) Auf dem Mittelgrunde, und faft in
der Mitte des Blattes, ift ein allenthalben mit
Waffer umgebenes Stück Land, worauf man,
zwifchen vielen Bäumen und Stauden, zwey
Bauernhäufer gewahr wird. Dahin führt ein
breiter Damm, der bis an den rechten Bord
der Platte fich herwärts zieht, und ungefähr
gegen die Mitte unterbrochen ift, um dem
Waffer, welches vorn die ganze Breite des
Blattes einnimmt, den Durchlauf zu geftatten;
die beyden Enden verbindet eine Brücke, über
welche ein Mann zu Pferde einige Schafe und
zwey Kühe vor fich her, gegen die Häufer

treibt; zur Linken zieht·fich das Waffer in
die äufferfte Ferne hinaus, und dort zeigt
fich quer her die Anficht eines Dorfes mit Bäumen.

29. *Das armfelige Dorf.*

9.) Diefes Blatt ftellt eine Dorfgaffe vor,
welche fich von der rechten zur linken Seite
in die Ferne hinaus zieht. Die Häufer ftehen
auf dem Mittelgrunde, find fehr niedrig, haben Strohdächer, und fehen überhaupt arm-
felig aus. Zwifchen denfelben find hier und da
Bäume. Das vorderfte, deffen Dach über einen
angebauten Schweinftall fich verbreitet, macht
die Ecke einer andern Gaffe, welche fich gegen die rechte Seite hinein zieht. Die entge-
gengefetzte Ecke ift eine niedrige Hütte, wovon man einen Theil auf dem Vorgrunde zur
Rechten fieht. An derfelben fitzt auf der Erde
ein Mann, mit einem langen Stabe auf der
Schulter. Das Erdreich vor allen diefen Häufern ift fehr uneben. Am Ende des Dorfes zur
Linken fieht man einen Reiter, und neben ihm
einen Knaben und einen Hund.

Breite: 5 Zoll, 4 Lin. Höhe: 3 Zoll, 7 Lin.

30. Die drey Bauern auf dem Hügel auffer dem Dorfe.

10.) Zur Rechten diefes Blattes, auf dem dritten Plane, flehen quer herüber, drey bis vier kleine Bauernhäufer, hinter welchen ver-fchiedene Räume hervorragen. Vor den Häu-fern ift, auf dem zweyten Plane, ein niede-rer Zaun von Bretern quer über das ganze Blatt gezogen. Auffer demfelben, gegen den Zufchauer, fteht, faft in der Mitte des Blat-tes, ein einzelner, ziemlich hoher Baum, ne-ben welchem man einen Weg gewahr wird, der aus einer Öffnung des Zaunes gerade her-vor bis an den unteren Rand der Platte führt. Neben dem Wege ift zur Linken, eine Erhö-hung, auf welcher drey Bauern, wovon zwey fitzen, und der eine fteht, zu fehen find. Der letztere trägt an feinem über die Schulter ge-legten Stabe, einen kleinen Pack. Über die Figuren hinaus ift in der weiteften Ferne, die Anficht einer Stadt. Den Vorgrund zur Rech-ten macht ein Hügel aus, welcher mit dun-kelem Schatten bedecket ift.

Breite: 5 Zoll, 3 Lin. Höhe: 3 Zoll, 6 Lin.

31. Das Schilderhaus an der Stadtmauer.

11.) Diefes Blatt hat mit der Nummer 25 viele Ähnlichkeit. Zur Linken ftehet dicht am Waffer ein viereckiges hohes Haus von einem

Stockwerke, das an den beyden fichtbaren
Seiten Giebel hat. Vor dem Haufe, herwärts
bis an den linken Bord der Platte, ift ein ziemlich hohes Ufer, von deffen Mitte eine kleine
Treppe oder Leiter zu dem Waffer hinab führet. Nicht weit davon fteht oben eine Frau,
und hinter ihr wird man ein Häuschen und
Bäume gewahr. Neben der Treppe, auf der
einen Seite gegen das Haus zu, liegt unten
eine Fifchreufe, und auf der andern ift ein
Kahn, worin ein Mann fitzt. Noch ein Kahn
mit zwey Männern zeigt fich in der Mitte des
Blattes. Vor dem Haufe weiter hinaus, zieht
fich gegen die Ferne eine verfallene Stadtmauer, in deren äufserfter Ecke ein Schilderhaus angebracht ift. Innerhalb der Mauer fieht
man einige Hütten, und mehrere hohe Bäume. An dem entfernteften Ufer entdeckt man,
in der Richtung der Stadtmauer, noch ein
Haus, und auf dem breiten Waffer fieht man
vier Schiffe mit Segeln in verfchiedenen Entfernungen.

Breite: 5 Zoll, 2 Lin. Höhe: 3 Zoll, 4 Lin.

32. Die vier Männer an der fteinernen Brücke.

12.) Auf dem Mittelgrunde diefes Blattes
fieht man einen in die quer angelegten fchma-
len und niederen Damm, welcher vom linken
Borde bis in die Mitte der Platte reicht, und da-

felbſt durch eine ſteinerne Brücke von einem einzigen Bogen mit dem Lande zur Rechten verbunden iſt. Ein Mann, der einen Pack auf dem
Rücken, einen Stab in der Hand hat, und einen Hund vor ſich, nimmt ſeinen Weg über
den Damm gegen die Brücke, wo ſich vier
Männer befinden. Einer, vom Rücken zu ſehen, ſitzt auf dem Geländer, und ſpricht mit
zwey anderen, die vor ihm ſtehen. Der vierte, faſt ganz im Schatten, ſchaut neben dem
ſitzenden in das Waſſer hinab, welches unter
der Brücke heraus fliefst, und vorn die ganze
Breite des Blattes einnimmt. An dem andern
Ende der Brücke gegen das Land, erhebt ſich
ein einzelner hoher Baum, nächſt welchem
im Waſſer ein Kahn iſt, worin ein Schiffer
aufräumt. Auf dem Vorgrunde zur Rechten,
iſt ein kleines Gebüſch und ein dünnſtämmi-
ges niederes Bäumchen. Im Hintergrunde auf
derſelben Seite, wird man einige wenige Häuſer gewahr, welche mit Bäumen und Stauden
umgeben ſind. Zur Linken, über den Damm
hinaus, zeigen ſich in der weiteſten Fernung,
ebenfalls Bäume und Häuſer, unter welchen
ein ſpitziger Thurm, ganz nahe am linken
Borde, ſich bemerken macht.

Breite: 5 Zoll, 4 Lin. Höhe: 3 Zoll, 6 Lin.

Eine Folge von fechs Blättern.

33. *Die zwey Wanderer im Walde.*

1.) Auf dem ein wenig erhöhten Vorgrunde, welcher über das ganze Stück fich
ausdehnt, ftehen zur Rechten zwey hohe
Bäume ganz nahe neben einander. Gegen die
Mitte ift ein Mann vom Rücken zu fehen, welcher mit der rechten Hand einen Stab hält,
und mit der linken einem anderen Manne, der
in einer kleinen Vertiefung vor ihm fteht, den
Weg zu zeigen fcheint. Diefer Vorgrund ift
das Ufer eines Baches, welcher quer herüber
von der einen Seite des Stückes bis zu der andern fliefst, und wovon ein Arm, faft gegen
die Mitte des Blattes, in die Ferne fich ergiefst. Die Ufer des Baches find überall mit
Bäumen und Gefträuchen dicht bewachfen.

Oben zur Linken liest man : *Antoni Waterlo in. et f.*, und rechts die Nummer 1.

Breite: 5 Zoll, 1 Lin. Höhe: 4 Zoll, 2 Lin.

34. *Das Weib auf dem Stege.*

2.) Ganz zur Linken zeigen fich zwey kleine Bauernhäufer, die neben einander, aber in
verfchiedenen Richtungen, geftellet find. Vor
dem einen, welches von der Sonne erhellet
wird, fieht man einen kleinen Graben, über
welchen ein Steg gerade an die Hausthüre
führt. Auf dem Stege fteht ein Weib, das fich

mit beyden Armen an ein Geländer ftützt,
und mit einer Perfon fpricht, die inner der
Hausthüre fteht. Von den beyden Häufern
zieht fich rechts herüber eine kleine Erhöhung, die mit verfchiedenen Bäumen bewachfen ift, und wovon diejenigen zwey, welche
nahe an dem einen Haufe neben einander ftehen, die höchften find. Unfern von diefen
zwey Bäumen fitzt auf der Erde ein Weib,
zu dem fich ein Mann hinab neigt, welcher
einen Pack auf dem Rücken trägt. Auf dem
Vorgrunde zur Rechten ift Waffer.
Oben in der Ecke rechts ftehen die Buchftaben A. W. f., und links ift die Nummer 2.

Breite: 5 Zoll, 2 Lin. Höhe: 4 Zoll, 3 Lin.

35. Die Schafheerde im Waffer.

3.) Der Hauptgegenftand diefes Stückes
ift der Vorgrund. Diefer befteht aus einem
kleinen Hügel, welcher von der rechten zur
linken Seite fich hinabneigt. Auf dem erha-
benften Theile ftehen acht Bäume in einer
Reihe neben einander. Von dem Hügel herab zieht fich ein Weg, der in ein breites,
aber feichtes Waffer führt, durch welches
ein Hirt feine Schafheerde vor fich hertreibt.
Das jenfeitige Ufer ift mit Bäumen und Stauden bewachfen, welche fich quer über das
ganze Stück ziehen. Hinter den Stauden, zur

Linken des Blattes, in noch weiterer Entfernung, zeigt fich ein kleiner Berg.
Oben in der Mitte liest man : I. E. fe.
und zur Linken: A.W. ex. Zur Rechten fteht
die Nummer 3.

Diefes Blatt fcheint zwar, felbft bey der
genaueften Unterfuchung, von *Waterlo's* Arbeit zu feyn; dafs er es aber nicht geftochen
habe, beweifen die Buchftaben I. E. fe. welche den Nahmen des Künftlers bezeichnen :
diefer aber ift ganz unbekannt. So viel ift nur
gewifs, dafs er *Waterlo's* Manier mit bewun-
derungswürdiger Genauigkeit erreichet hat.

Breite : 5 Zoll, 2 Lin. Höhe : 4 Zoll, 3 Lin.

36. Die zwey Jungen mit ihrem Hunde am Waſſer.

4.) Eine fchöne waldige Gegend mit drey
deutlich beftimmten Planen. Der erfte davon
bildet den Vorgrund, welcher von der Rechten links herüber, bis mehr als über die Hälfte des Blattes, fich zieht. Auf demfelben ftehen rechts, dicht am Rande der Platte, zwey
fehr hohe Bäume, deren Gipfel fich über den
obern Bord der Platte verlieren. Der zweyte
Plan, welcher fich rechts hinaus in die Ferne zieht, ift mit drey gleich abgetheilten
Gruppen von Bäumen befetzt, hinter welchen
man wieder einen Theil der Waldung gewahr
wird. Der dritte, am weiteften entfernte Plan

ift ein kleiner fanfter Hügel, hinter dem fich Gebüfche zeiget. Am Vorgrunde zur Linken, ift Waffer, neben welchem man, an einem Gefträuche, zwey Jungen fieht, wovon der eine fitzt, und der andere auf dem Bauche liegt. In einiger Entfernung ift ein Hund, der auß dem Waffer trinkt. Oben links liest man: A. W. f. und daneben die Nummer 4.

Breite: 5 Zoll, 3 Lin. Höhe: 4 Zoll, 3 Lin.

37. Die drey Hirten unter dem Baume.

5.) Auf diefem Blatte fieht man zur Linken, ganz am Vorgrunde, zwey hohe Bäume, deren Gipfel über den oberen Rand der Platte hinaus reichen. Der zweyte Plan ift ein freyer Platz, auf dem, etwas zur Rechten, ein einzelner Baum ftehet. Am Fufse defselben fitzt, mit kreutzweife über einander gefchlagenen Armen, ein Hirt, der einen Stab an feine Achfel gelehnt hält. Hinter ihm fteht ein Hund. Ein anderer Hirt liegt auf der Erde, und fein Stab neben ihm. Der freye Platz ift durch eine dichte Waldung begränzt, welche von dem rechten Bord links hinüber bis zur Hälfte der Platte reicht, und von da anzufangen die Auslicht in eine kleine, aus niederen Hügeln und fanften Thälern beftehende Fernung gewährt.

Oben rechts in der Ecke liest man: A.
W. f. und daneben die Nummer 5.

Breite: 5 Zoll, 2 Lin. Höhe: 4 Zoll, 3 Lin.

38. *Der Baum auf der Mitte des Vor-*
grundes.

6.) Eine waldige Gegend. Ganz mitten
auf dem Vorgrunde steht ein hoher Baum,
deſſen Gipfel beynahe bis an den oberen
Bord der Platte reicht, und neben welchem
unten her einige Stämme von Bäumen liegen. Rechts, ganz vorn an einem breiten
Wege ſitzt ein Mann auf der Erde, welcher
einen langen Stab hält, und mit einem Weibe ſpricht, das vor ihm ſteht, und etwas
auf dem Kopfe trägt. Neben dem Weibe
ſpielen zwey Hunde mit einander. Der Weg
zieht ſich aufwärts gegen den Mittelgrund
in einen Wald. Zur Linken, hinter dem Hügel, welcher ſich gegen den Wald erhebt,
ſieht man quer herüber mehrere dicht an-
einander ſtehende Bäume, unter denen, am
linken Borde der Platte, das Dach eines
Hauſes ſich zeigt. Hinter dieſen Bäumen ſieht
man in der Ferne einige niedere Berge. In
der linken Ecke, am Vorgrunde, iſt ein kleiner Sumpf.

Oben links liest man: A. W. f. und rechts
die Nummer 6.

Breite: 5 Zoll, 2 Lin. Höhe: 4 Zoll, 3 Lin.

39 *Der Mondſchein und die Strohhütte.*

Ein Mondenſtück. Dicht am Borde eines Sees ſteht, zur Linken des Blattes , eine armſelige, mit Stroh gedeckte Bauernhütte, an der man in der Mitte eine Thür, und
herwärts gegen den Zuſchauer , ein kleines
Fenſter ſieht. Auf dem Dache iſt ein Rauch-
fang. Rechts neben der Thür erhebt ſich ein
grofser Baum , und neben der Hütte ſelbſt
zieht ſich, am Borde des Sees , rechts herüber eine Reihe von Bäumen und Geſträu-
chen bis in die Ferne hinaus. Dort wird
man einen ſpitzigen Thurm , und über demſelben den etwas umwölkten Mond gewahr.
Oben an der Platte links liest man : A.
W. ex.

Breite : 5 Zoll , 1 Lin. Höhe: 4 Zoll.

40. *Die helle Nacht.*

Das Gegenſtück zu dem vorhergehenden
Blatte. Es iſt eine dämmernde, ausgebreitete
Gegend. Den ganzen Vorgrund macht ein
zum Theil mit ſtraubigem Graſe bewachſener
Anger aus. Der zweyte Plan gibt die Anſicht
eines Ortes , welcher quer über die ganze
Platte ſich ausdehnet , und wovon die mei-
ſten Häuſer unter vielen Bäumen aller Art
verſteckt ſind. Doch raget eine hohe Kirche
mit einem grofsen viereckigen Thurme hervor.

D

Auf dem Dache der Kirche fleht auch ein kleiner fpitziger Thurm, und links herüber wird man noch drey dergleichen gewahr. In dem Hintergrunde zeigen fich , auf zwey hinter einander flehenden Planen, andere Örter, und der Horizont ist durch ein niederes Gebirge. begränzt.

Links oben in der Ecke liest man : A. W. ex.

Breite : 5 Zoll, 1 Lin. Höhe : 4 Zoll.

Eine Folge von fechs Blättern.

41. *Der Bauer und das Weib an der Eiche.*

1.) Eine Waldgegend. Man fieht gegen die Linke des Blattes , ganz auf dem Vorgrunde, eine grofse Eiche; ein wenig weiter, auf dem zweyten Plane, fteht ein Baum mit zwey von einander getheilten Stämmen, und noch weiter, auf dem dritten Plane, kommt eine Gruppe von einigen kleinen Bäumen vor. Zur Rechten auf dem Vorgrunde, machen ein grofser Baum, deffen Gipfel bis oben an das Blatt reicht, und noch ein Paar kleinere Bäume den Schlufs des Bildes. Zwifchen diefen zwey Hauptgruppen ift ein breiter Weg, welcher herwärts gegen den Zufchauer in den tieferen Wald zu führen fcheinet, und im Hintergrunde zeigt fich, in weiter Ferne, ein

fpitziger Thurm. Am Fufse des grofsen Baumes, welcher zur Rechten im Vorgrunde
fteht, fitzt ein Bauer und ein Weib, die fich
mit einander zu befprechen fcheinen.

Links oben in der Eoke liest man: A.W.

Breite: 5 Zoll, 11 Lin. Höhe: 3 Zoll, 11 Lin.

42. *Der Mann mit dem Hunde am Erd-*
hügel.

2.) Das Gegenftück zu dem vorigen Blatte. Hier zeigt fich eine fehr grofse Eiche auf
dem Vorgrunde zur Rechten; fie breitet ihre
Äfte links hin bis über die Hälfte des Blattes aus. Sie fteht vor einem kleinen Erdhügel, an deffen fchroffem Abfchnitte ein Mann
mit einem Hunde fitzt. Von der linken Seite
rechts hinüber, in einiger Entfernung, fieht
man drey Hauptabtheilungen von Bäumen,
wovon die mittelfte aus drey hochftämmigen
Bäumen befteht. In dem Raume zwifchen
dem linken Borde des Blattes, und der er-
ften Abtheilung zeigt fich ein Weg, auf welchem ein Weib mit einem Kinde geht. Zwifchen der zweyten und dritten Abtheilung ift
eine Öffnung, die im Hintergrunde die Anficht einiger Häufer und eines Thurms gewährt.

Links oben liest man die in einander
verfchlungenen Buchftaben A. W.

Breite: 5 Zoll, 11 Lin. Höhe: 3 Zoll, 11 Lin.

D 2

43. *Der Mann im Mantel, mit dem Hunde.*

3.) Diefes Blatt zeigt einen Marktflecken.
Ein Theil deffelben zieht fich vom rechten
Bord links hin, bis über mehr als drey Viertel
der Platte, etwas fchief gegen die Fernung
hinaus. Vorn zur Rechten, an einer hohen
alten Mauer, wo man zwey gewölbte Bogen
gewahr wird, ilt eine aus Holz gebaute
Schenke mit einem Stockwerke. Unter der
Thüre fteht der Wirth, welcher mit einem
daneben auf einer kleinen Bank fitzenden
Gafte zu fprechen fcheint. Weiter links, an
der hohen Mauer, zeigt fich eine breite Stiege, welche auf die Anhöhe zu einem runden
Thurme führt, vor welchem unten ein anderer grofser viereckiger fteht. Die hohe Mauer
ilt mit Gefträuch, und die Anhöhe allenthalben mit Bäumen bewachfen, zwifchen denen
der obere Theil eines kleinen Haufes hervorragt. Ganz vorn, an dem linken Borde der
Platte, ilt ein Felfen, und auf deffen Gipfel
ein wild gewachfener Baum: zwifchen diefem Felfen und dem viereckigen Thurm, ilt
eine Fernung mit der Anficht der Mauern
und Häufer von dem übrigen Theile des
Marktfleckens. Auf dem Vorgrunde fieht man
einen Mann mit einem kurzen Mantel, der
feinen Weg gegen die linke Seite des Blattes nimmt, und dem ein grofser Hund nachfolgt.

Oben in der Ecke links, liest man: *Antoni Waterlo fe.*

Breite: 5 Zoll, 10 Lin. Höhe: 4 Zoll, 1 Lin.

44. *Das Haus und die Zaunthür im Schat-ten der Bäume.*

4.) Zur Linken, ganz auf dem Vorgrunde, fteht dicht am Borde der Platte, ein ftarker und hoher Baum, deſſen Gipfel bis oben an die Platte reichet. Hinter demſelben fieht man im Schatten, ein Haus, vor welchem ein mit einem Zaun umgebener Garten angebracht ift. In der Mitte des Zaunes ift eine Thoröffnung. Der Grund, auf welchem das Haus und der Garten ftehen, ift etwas erhöhet, und zieht fich rechts hin, bis über drey Viertel der Platte. Zur Rechten, in einiger Entfernung fieht man ein altes Bollwerk, und auf demſel-ben, Bäume, Geſträuche und die Überbleib-fel eines Zaunes. Nicht ferne davon fteht ein Haus mit einem Stockwerke, und mit einem niedrigen Dache, auf dem ein Thürmchen hervorragt. Vor der Thür des Haufes ift ein kleines Breterdach, unter welchem mehrere Perſonen ftehen. Der Zugang dahin ift von der Linken zur Rechten über eine fanfte An-höhe. Durch das Haus fliefst ein Bach rechts hervor bis an den Rand der Platte. Hinter dem Haufe zeigen fich in der Ferne, ein grof-fer Felfen, ein hoher runder Thurm, und die oberen Theile von noch einigen anderen Häu-

fern. Auf dem Vorgrunde ſieht man , nahe
bey dem Gartenzaune, zwey mit einander
gehende Männer, wovon einer einen Bündel
auf dem Rücken trägt.

Oben in der Ecke links, liest man : A.W.F.

Breite : 5 Zoll, 9 Lin. Höhe : 4 Zoll, 2 Lin.

45. *Der Steg zwiſchen den Felſen.*

5.) Man ſieht auf dieſem Blatte zwey
grofse Felſen, deren einer links, der andere
rechts, von dem Borde der Platte faſt gleich
weit, bis gegen die Mitte des Stückes reicht.
Dazwiſchen flieſst aus dem Hintergrunde ein
wilder, reiſſender Bach rechts hervor. Da,
wo die beyden Felſen ſich am nächſten ſind,
ſtürzt er ſich über mehrere Steinklippen herab. Gerade über dem Waſſerfall iſt ein
ſchmahler Steg, über den man von einem
Felſen zu dem andern gehen kann. Man ſieht
darauf einen Hirten, der einige Schafe vor
ſich her treibt. Ihm kommt ein Bauer entgegen. Zwiſchen beyden ſteht ein Junge, der
ſich an das Geländer lehnt. Der Felſen zur
Rechten iſt mit hohem und niederem Gehölze bewachſen, unter welchem, dicht am Borde der Platte, eine Hütte , und weiter vorn
bey dem Stege, ein Zaun ſich zeiget.

Oben links liest man : *Antonl Waterloſe.*
et in. et ex.

Breite : 5 Zoll, 10 Lin. Höhe : 4 Zoll, 1 Lin.

46. Die zwey Wanderer im Gespräch am Hügel.

6,) Auf dem Vorgrunde zur Linken sitzt,
bey einem von der Sonne ganz beleuchteten
Hügel, auf der Erde ein Wanderer, welcher
mit einem anderen, der vor ihm steht, und
vom Rücken gesehen wird, im Gespräche begriffen ist. Ein zweyter sehr niederer Hügel
erhebt sich ganz auf dem Vorgrunde, in der
Mitte des Blattes. Zur Rechten zeigt sich ein
dritter, welcher von dem Borde bis gegen
die Mitte der Platte, sanft sich hinab neigt,
und sich in die Ferne zieht. Auf seiner gröfsten Höhe, am Rande der Platte, steht ein
Baum. Zwischen den beyden letzteren Hügeln ist ein breiter Weg. Auf dem zweyten
Plane, zwischen dem beleuchteten und dem
mitteren Hügel, stehen dicht neben einander
zwey hohe Bäume, deren Gipfel fast bis an
den oberen Bord der Platte reichen; mehrere
andere, die man hinter denselben, etwas
weiter entfernet, sieht, scheinen der Eingang
einer Waldung zu seyn: in dem Hintergrunde, gegen die Mitte des Blattes, hat man die
Ansicht eines Dorfes, von welchem man
aber, wegen der vielen Bäume, womit es
allenthalben besetzet und umgeben ist, nur
wenige Häuser wahrnehmen kann. Hinter dem
Dorfe, in noch weiterer Entfernung, ist ein

langer, oben ganz flacher Berg, auf deſſen
Mitte eine Windmühle ſteht. In der oberèn Ecke links, ſtehen die in einander verſchlungénen Buchſtaben A. W.

Breite : 5 Zoll , 1 o Lin. Höhe : 4 Zoll , 1 Lin.

Eine Folge von ſechs Blättern.

47. Die zwey Waldbrüder.

1.) Den gröfsten Theil dieſes Blattes
nimmt ein mit Bäumen und wildem Geſträuche allenthalben bewachſener Felſen ein, auf
welchem eine Kapelle angebracht iſt. Zur
Linken ſieht man eine kleine gemauerte Brücke, welche auf das dem Felſen gegenüber
befindliche, und durch einen Graben von
demſelben getrennte Erdreich führet. Unter
der Brücke flieſst ein Bach herab, welcher
dicht an dem Felſen, rechts herüber ſich er-
gieſst, und von der Mitte des Blattes bis in
die rechte Ecke , den Vorgrund einnimmt.
Der Vorgrund zur Linken iſt ein kleiner
Hügel, der von der Mitte des Blattes links
hinüber in ſanfter Richtung ſteigt. Auf demſelben ſieht man zwey Waldbrüder, welche,
einer hinter dem andern , gegen die Brücke
hinaufgehen. Bey dem Anfange der Brücke,
jedoch tieſer gegen den Hintergrund, ſteht
eine Gruppe von vier hochſtämmigen Bäumen, und noch weiter rückwärts, zeigt ſich

ein Berg, welcher in faft gleicher Höhe, fich rechts quer herüber zieht. In dem fchmahlen Raume, zwifchen dem Felfenhügel und dem rechten Borde der Platte, jenfeit des Waffers, öffnet fich eine kleine Ausficht in den Hintergrund, der aus mehreren kleinen, hier und da mit Bäumen befetzten Hügeln befteht. Oben links in der Ecke, liest man: *Antoni Waterlo fe. et in.*

Breite: 5 Zoll, 5 Lin. Höhe: 4 Zoll, 8 Lin.

48. *Der Efeltreiber.*

2.) Auf diefem Blatte fieht man, ein wenig zur Linken, einen wilden Bach, der aus dem Hintergrunde gerade hervor, an den Rand der Platte, fich ergiefst. Das eine Ufer deffelben, welches die Mitte des Blattes einnimmt, ift hoch, fteil und dergeftalt ausgefchwemmt, dafs es aus drey getheilten, und hinter einander gereihten Felfenmaffen zu beftehen fcheint. Es ift mit mehreren Bäumen befetzt, wovon der vorderfte, welcher der ftärkfte ift, dicht am Rande des Ufers fteht; deffen Wurzeln find zum Theil entblölst, und hängen hinab. Hinter diefen Bäumen zieht fich, von der Mitte bis an den rechten Bord der Platte, ein Weg hervor, auf welchem man einen Bauer fieht, der einen beladenen Efel vor fich hertreibt. Längs dem Wege, weiter rückwärts, ift ein dichter Wald, der auf diefer Seite den Hintergrund ausfüllt.

Das andere Ufer des Baches fieht man zur
Linken des Blattes: es ilt eben fo, wie das
gegenfeitige, holpricht, und vom Waffer aus-
geriffen : auf demfelben flehen, im Hintergrunde , verfchiedene Häufer quer herüber
bis gegen das andere Ufer. Hinter den Häufern erfcheinet, in weiter Entfernung, ein
niederes Gebirge. In dem Bache liegen hier
und da Felfenflücke und Baumflämme.
Oben ganz am Rande der Platte, zur
Rechten liest man: *Antoni Waterlo fe. et in.*

Breite: 5 Zoll, 5 Lin. Höhe: 4 Zoll, 8 Lin.

49. *Der am Wege fchlafende Bauernjunge.*

3.) In diefer Landfchaft fällt zur Linken
der Vorgrund auf, welcher aus einem grof-
fen, rauhen, oben mit Bäumen und Stauden
bewachfenen Felfen befteht. Die Stämme einiger diefer Bäume neigen fich rechts über
den Felfen herüber , und die Äfte reichen
oben über den Rand der Platte hinaus. Der
Erdboden unterwärts, ilt quer über das ganze
Blatt voll Hügeln, auch mit Gefträuche und
ftraubigem Grafe bewachfen. Ein anderer ,
ebenfalls oben mit Bäumen wild bewachfener
Felfen, zeigt fich im Hintergrunde zur Rech-
ren. Hinter dem Felfen geht ein Weg hervor,
der fodann neben demfelben fich rechts herüber
bis an den Rand der Platte zieht. An diefem
Wege ganz zurRechten, fieht man einen auf der

Erde liegenden und schlafenden Bauernjungen.
Neben seinem Kopfe ruht ein grofser Hund. Der
mittere Theil der Landfchaft, zwifchen dem
Hügel des Vorgrundes, und des Hintergrundes
zeigt in der Entfernung unebenes, hier und
da mit Bäumen bewachfenes Land.

Oben zur Rechten, dicht am Rande der
Platte, liest man: *Antoni Waterló fe. et in. et ex.*

Breite : 5 Zoll , 5 Lin. Höhe : 4 Zoll , 8 Lin.

50. Der Bach mit dem felfigen Ufer.

4.) Diefe Landfchaft ftellt einen breiten
Bach vor, welcher aus dem Hintergrunde,
von der Linken zur Rechten, feinen Lauf
hat, und vorn bis an die untere Ecke des
Blattes, wo er über einige Felfenftücke fällt,
fich erftrecket. Das Ufer diesfeits macht den
Vorgrund aus, welcher zwey Drittheile der
Platte füllt. Ganz vorn, und nahe am linken
Borde der Platte fteht ein hoher Baum, deffen Gipfel fich über den oberen Rand hinaus
verlieret. In der Mitte des Vorgrundes ift ein
Weg, der hinter demfelben herauf, und bis
an den Rand der Platte fich hervor zieht.
Seine Richtung ift ein wenig rechts herüber,
nähmlich faft wie der Lauf des Baches. An
dem Waffer felbft ift das Ufer ftark ausge-
riffen. Auf dem höheren Theile, welcher unten ausgefchwemmt ift, fteht eine Gruppe
von drey Bäumen. Unterwärts fitzt ein Bauer

auf der Erde, welcher fich mit feinen zwey
Hunden unterhält. Längs dem jenfeitigen
Ufer erhebt fich ein hoher und fteilèr Felfen,
der durch Klüfte getheilet ift, und aus vier
neben einander gereihten Maffen zu beftehen
fcheint. Er ift unterwärts nur hier und da,
oben aber allenthalben mit Bäumen und
Stauden bewachfen. Über dem Vorgrunde
hinaus zeigt fich in der Fernung, ein Theil
des Baches, und jenfeits deffelben ein niederes Gebirge, das fich quer herüber zieht.
Oben in der Ecke zur Rechten, liest man:
Antoni Waterlo. in. et ex.

Breite: 5 Zoll, 4 Lin. Höhe: 4 Zoll, 8 Lin.

51. Die Kapelle mit der Stiege.

5.) Auf einem fanften Hügel, welcher
von dem linken Borde bis in die Mitte der
Platte reicht, fieht man in einiger Entfernung eine Kapelle mit einem niederen Dache, über welchem vorn am Giebel ein
Thürmchen, das an der Spitze mit einem
Kreutze verfehen ift, hervorragt. Zur Thüre
führt eine kleine Stiege von fünf bis fechs
Stufen. Hinter dem Dache rágen verfchiedene Bäume hervor. Rechts herüber von der
Kapelle erhebt fich ein kleiner Erdhügel,
welcher mit zwey Bäumen, und mit Gefträuche dicht befetzet ift. Zwifchen diefem
und der Kapelle, zieht fich ein Weg bis an
den unteren Rand in fanfter Neigung herab.

Hinter dem Hügel läuft in der Tiefe ein
wilder Bach, der feine Richtung rechts herüber nimmt, bis an den unteren Rand der
Platte hervor. Auf dem jenfeitigen hohen
Ufer, fieht man ein Haus mit einem Stockwerke, und daneben eine Hütte, welche zu
beyden Seiten mit hohen Bäumen umgeben
find. Von dem Haufe führt ein Weg zu dem
Waffer herab. Die beyden Ufer verbindet
da, wo fie am höchften find, ein fchmahler
Steg, auf dem ein Mann gegen die Kechte
hinüber geht. Unter dem Stege durch, entdeckt man zwey kleine Wafferfälle, wovon
der eine aufser demfelben in einiger Entfernung, der andere gerade unter dem Stege zu
fehen ift.

In der Fernung über den Steg hinaus
zeigen fich Berge, und am Fuffe derfelben,
verfchiedene Häufer.

Oben in der Ecke zur Linken, liest man:
Antoni Waterlo fe et ex.

Breite: 5 Zoll, 6 Lin. Höhe: 4 Zoll, 7 Lin.

52. *Die breterne Brücke.*

6.) Der Hauptgegenftand diefer Landfchaft ift das fteile Ufer eines Baches, welcher ein wenig zur Linken des Blattes, aus
dem Hintergrunde hervor fliefst, und dann
fich rechts und links in zwey Arme theilt.
Das eine Ufer ift eine Anhöhe, welche von
dem rechten Borde bis mehr als über die

Hälfte der Platte reicht. Auf derselben erhebt sich an dem steilen Abhange, der hier
das Ufer bildet, ein Erdhügel, welcher mit
dichtem Gesträuche, aus dessen Mitte zwey
hochstämmige Bäume hervorragen, ganz bewachsen ist. Weiter rechts hinüber ist Waldung. Das Ufer zur Linken, welches man
in einiger Entfernung sieht, ist ebenfalls hoch,
und allenthalben mit Bäumen und Stauden
bewachsen. An demselben läuft der eine Arm
des Baches quer herüber, bis an den linken
Bord der Platte. Das diesseitige Ufer dieses
Armes, so wie des anderen, der weiter hervor, und dann quer herüber bis zu dem
rechten Borde der Platte, seinen Lauf nimmt,
bildet den Vorgrund, welcher vom linken
Borde bis gegen die Mitte der Platte sich
erstreckt. Auf demselben steht eine Gruppe
von drey Bäumen, und ganz vorn ein einzelner sehr hoher Baum, dessen Gipfel über den
Bord der Platte hinaus reicht. Ganz unten in
der Ecke rechts, sieht man das Stück eines
Dammes, von welchem eine kleine Brücke
über das Wasser und zu dem breiten Wege
führet, der über die oben bemerkte Anhöhe
gehet. Die Brücke besteht aus vier in die
Quere neben einander gelegten Bretern, zwischen welchen ein fünftes ausgebrochen ist.
Neben der Brücke, zur Rechten, sitzt am
Wege ein Bauer, der seinen Hund, sich gerade aufzurichten, übet. Ein anderer Mann

ſteht dábey, und ſieht zu. Oben auf der Anhöhe, zeigt ſich ein Wanderer mit einem Stocke auf der Schulter, welcher ſeinen Weg
herwärts nimmt. Ganz in der Mitte des Blattes ſieht man zwey Stämme von dürren Bäumen im Waſſer liegen. Im Hintergrunde wird
man zwey kleine Figuren gewahr, die längs
dem Bache gehen; und noch weiter hinaus,
iſt ein groſser Berg.

Oben in der Ecke zur Rechten, liest man:
Antoni Waterlo fe. et in.

Breite: 5 Zoll, 5 Lin. Höhe : 4 Zoll, 7 Lin.

53. *Der Wanderer neben dem Gehölze.*

Man ſieht in der Mitte dieſes Stücks, auf
dem nur wenig erhabenen Erdreiche, ein kleines Gehölz. Der ſtärkſte Baum iſt dem Zuſchauer am nächſten, und ſein Gipfel reicht
über den oberen Bord der Platte hinaus. An
dieſem Gehölze, zieht ſich vom linken Bord
der Platte, bis auf den äuſserſten Vorgrund
und gegen die rechte Ecke eine Straſse, auf
welcher man zur Linken, einen Wanderer
ſieht, der von einem Hunde begleitet iſt. Im
Hintergrunde zeigt ſich zur Rechten, ein anderer Theil des Waldes, der von dem kleinen Gehölze durch einen ziemlich breiten
Bach getrennet iſt.

Gegen die untere Ecke rechts, liest man:
A. W. f.

Breite: 5 Zoll, 2 Lin. Höhe : 4 Zoll, 2 Lin.

54. *Das Haus am waldigen Ufer des Baches.*

Der Vorgrund, welcher vom linken Borde rechts herüber, mehr als drey Viertheile
der Platte einnimmt, bildet einen Weg, der
von der Linken ein wenig rechts fich her-
vorkrümmt, und bis an den unteren Rand
der Platte reicht. Dicht am linken Borde fteht
ein hoher Baum, deffen Gipfel über den oberen Rand der Platte hinaus fich erftreckt.
Diefem gegenüber ftehen, faft in der Mitte
des Blattes, zwey andere hohe Bäume nahe
bey einander. Ihr Standort ift das niedere
Ufer eines breiten Baches, welcher aus der
Ferne, die fich in der Mitte zeigt, rechts
hervor bis an die Ecke feinen Lauf nimmt.
Zwifchen dem einzelnen Baume zur Linken,
und den zwey anderen Bäumen zur Rechten
des Weges, zeigen fich zwey etwas abge-
fonderte Partien von Bäumen und Gefträuchen, welche fich rechts herüber bis an das
Ufer des Baches erftrecken. Eine ähnliche
Partie von Bäumen findet fich auch auf dem
entgegen gefetzten Ufer, und vor diefen,
ganz am Borde zur Rechten, fteht ein kleines Haus, vor welchem ein Zaun mit einem
Thore angebracht ift.

Die Buchftaben A. W. F. liest man unten zur Linken, auffer dem Rande des Stücks.

Breite: 5 Zoll, 3 Lin. Höhe: 4 Zoll, 7 Lin.

55. *Der Eingang in den umzäunten Wald.*

Auf der Mitte des Vorgrundes, der von der Rechten zur Linken über zwey Drittheile der Platte sich erstreckt, stehen dicht neben einander zwey hohe Bäume, deren Gipfel den oberen Rand der Platte berühren. Der Vorgrund bildet zur Linken das Ufer eines Baches, welcher aus der Mitte des Stücks links herüber sich zieht, und auf dieser Seite den übrigen Theil des Vorgrundes einnimmt. Das jenseitige Ufer ist bis an das Wasser hin mit Bäumen und Stauden dicht bewachsen. Zwischen den zwey hohen Bäumen und dem rechten Borde der Platte ist ein freyer Platz, in dessen Hintergrunde man einen Zaun mit einer offenen Thüre sieht, durch welche ein Mann heraus kommt. Inner dem Zaune stehen Hecken und Bäume, hinter welchen man das Dach eines Hauses gewahr wird.

Am Vorgrunde zur Linken, im Wasser, liest man: A. W. F.

Breite: 5 Zoll, 3 Lin. Höhe: 4 Zoll, 8 Lin.

56. *Die zwey Männer am Schlagbaume.*

Auf dem Vorgrunde dieses Blattes zur Linken, steht eine Gruppe von drey in ein-

E

ander gefchlungenen Bäumen, deren Gipfel
bis über den oberen Bord der Platte fich erheben. In einiger Entfernung davon, etwas
tiefer hinein, fieht man einen Breterzaun,
welcher vom linken Borde quer herüber bis
in die Mitte der Platte fich erftreckt. Hier
ift ein Schlagbaum, innerhalb deffen zwey
Männer zu fehen find. Der eine davon ,zeigt
mit der rechten Hand vor fich hin, ftützt
den linken Arm in die Seite, und fchaut zurück auf den andern, der ihm nachfolgt.
Hinter dem Zaune ift ein dichter Wald von
hohem und niederem Gehölze, welcher fich
rechts herüber faft bis an den Bord zieht.
Durch den kleinen Zwifchenraum, der hier
noch übrig ift, fieht man in dem Hintergrunde einen Bach. Ganz zur Linken, dicht
am Borde, entdeckt man eine Hütte. Zwey
Wege, wovon der eine links herüber, der
andere aber vom Vorgrunde zur Rechten
aufwärts, gegen die Mitte fich zieht, ver-
einigen fich bey dem Schlagbaume.

Zur Linken, aufser dem unteren Rande
der Platte, liest man die Buchftaben: A. W.
F., wovon die erfteren zwey verfchlungen
find.

Breite: 5 Zoll, 1 Lin. Höhe: 4 Zoll, 6 Lin,

57. *Das waldige Ufer.*

Auf diefem Blatte ift ein Flufs vorgeftellt, welcher auf dem Vorgrunde faft die
ganze Breite des Stücks einnimmt. Er ftrömt
hart an einem dichten Walde vorbey, der
von dem linken Borde rechts her, über mehr
als drey Viertheile der Platte fich verbreitet, und aus drey deutlich beftimmten Abtheilungen von Bäumen befteht. Die eine davon, welche an den linken Bord fich an-
fchliefst, ift dem Zufchauer die nächfte; eine andere, in weiterer Entfernung, fteht auf
einer Erdfpitze; und zwifchen beyden ift die
dritte, deren Bäume am höchften empor
ragen. Im Hintergrunde, an dem anderen
Ufer der Waffers, ift die Anficht eines kleinen Ortes, mit einer Kirche, wovon man
den fpitzigen Thurm fieht. Zur Rechten, auf
einem ganz fchmahlen Vorgrunde, der mit
Rohr bewachfen ift, fteht in der Ecke, neben dem Borde, ein Baum, der nur an einigen wenigen Äften Blätter hat.

Unten, zur Linken, aufser dem Rande,
liest man: *Antoni Waterloin. et fe.*

Breite: 5 Zoll. Höhe: 4 Zoll, 6 Lin.

58. *Der fchief gewachfene Baum.*

Auf dem ein wenig erhöhten Vorgrunde, welcher von dem linken Borde rechts

her, bis über die größere Hälfte des Stücks
reicht, und sich sanft abwärts neigt, fällt
ein dicker Baum auf, welcher so schief ge-
wachsen ist, daß der Stamm oben am Bord,
in die Mitte zu stehen kommt. Man sieht nur
einige seiner Äste : die ganze Krone scheint
weit über den Bord hinaus zu reichen. Die
Erhöhung, auf welcher dieser Baum steht,
ist mit Wasser umgeben, welches vorn die
ganze Breite des Stücks, vom linken bis
zum rechten Borde, einnimmt. Jenseit dieses ganz schmahlen Wassers, zeigt sich ein
Ufer, das aus drey Erhöhungen besteht. Die
erste, dem Zuschauer die nächste, ist gegen
das Wasser zu mit Schilf umgeben. Auf der
zweyten steht eine Gruppe von zwey gerad-
stämmigen, und enge an einander gewachse-
nen Bäumen. Auf der dritten und entfernte-
sten, stellt sich ein dichter Wald von niederen Bäumen und Stauden dar, welcher quer
über die ganze Platte sich zieht. Zur Rechten, im Hintergrunde, ist eine kleine Aussicht mit einem niederen Gebirge.

Auf eben dieser Seite, unten in dem Wasser, liest man die Buchstaben : A. W. F.,
wovon die ersteren zwey verschlungen sind.

Breite: 5 Zoll; Höhe: 4 Zoll, 7 Lin.

Eine Folge von fechs Blättern.

59. *Der Mann und das Weib bey dem Stege.*

1.) Man fieht zur Rechten diefes Blattes einen dichten Wald, der links herüber bis gegen die Mitte fich zieht, und mit einem Breterzaun umgeben ift. Aus dem Walde fliefst unter dem Zaune ein Bach hervor, welcher fich aufserhalb verbreitet, und von dem linken Borde der Platte, bis zum rechten hin, den ganzen Vorgrund einnimmt. Längs dem Zaune fieht man zur Rechten des Blattes ein erhöhtes Stück Erdreich, welches vorn, gegen das Waffer zu, mit Schilf befetzet ift. Von demfelben führt ein Steg auf das entgegen gefetzte Ufer. Diefes ift vorn zur Linken des Blattes niedrig, erhebt fich aber etwas mehr bey dem Stege. Es ift nach feiner ganzen Länge unterwärts am Waffer mit Gefträuche bekleidet. Nahe bey dem Stege ragen aus dem Waffer, in gleich weiter Entfernung, als Überbleibfel eines alten Befchläges, drey Pfähle hervor, deren zwey durch einen Querbalken verbunden find. Auf einem Wege oberhalb, fieht man einen Mann und eine Frau, welche neben einander gegen den Steg gehen. Zur Linken am Ufer fteht ein einzelner Baum auf einem freyen Platze,

welcher im Hintergrunde quer herüber mit
Waldung begrenzet iſt.

In der oberen Ecke liest man zur Lih-
ken: *Antoni Waterlo fe.* und zur Rechten
findet fich der Buchſtab a.

Breite: 5 Zoll, 3 Lin. Höhe: 4 Zoll, 6 Lin.

60. Der Wanderer mit feinem Hunde.

2.) Auf dem erhöhten Vorgrunde diefes
Stücks, welcher von dem rechten Borde hinüber zwey Drittheile der Platte einnimmt,
fieht man einen breiten Weg, der von der
Mitte, wo er bis an den unteren Rand reicht,
rechts' hinüber hinter einen kleinen Felfen
führt, welcher ganz vorn in der Ecke ſteht,
und oben mit einigen Bäumen bewachfen iſt.
An dem Abhange des Vorgrundes, gegen die
Mitte des Blattes, fieht man ein dickes Geſträuch, und nicht fern davon, ein wenig
mehr zur Rechten, einen Wanderer, welcher
feinen Weg hinter dem Felfen vorbey nimmt,
auf dem Rücken einen Pack trägt, und in
der rechten Hand einen Stab hält. Ein Hund
folgt ihm auf dem Fuſse nach. Aus der Mitte des Blattes flieſst ein Bach gegen die linke
Ecke, und bis an den Rand der Platte hervor. Ein Ufer deffelben macht der oben er-
wähnte Vorgrund aus: das andere Ufer iſt
mit einem dichten Walde von hohem und
niederem Holze befetzt, welcher rechts hin

gegen den Hintergrund fich hinaus zieht. In der
Öffnung, die zwifchen diefer Waldung und
dem Felfen am Vorgrunde übrig bleibt, fieht
man in der Ferne einen grofsen-flachen Berg.
Oben in der Ecke links, liest man: *A.
Waterlo fe.*, und rechts den, Buchftaben *b.*

Breite: 5 Zoll, 2 Lin, Höhe: 4 Zoll, 7 Lin.

61. *Die vier Jungen und die Hunde.*

3.) Auf dem Vorgrunde, welcher in diefem Blatte quer her, über das ganze Stück
fich verbreitet., zeichnen fich drey Hügel aus,
wovon der eine am linken, der andere am
rechten Borde der Platte, und der dritte in
der Mitte fich befindet. Auf dem zur Linken
fteht ein Felfen, der oben mit Bäumen bewachfen ilt, deren einer feine Äfte rechts
her, bis über die Hälfte des Blattes verbreitet. Eine andere Partie hoher Bäume zeigt
fich hinter dem Hügel, am Borde zur Rechten. Zwey neben einander laufende Wege,
die durch den mitteren Hügel abgefondert
find, und vorn bis an den Rand der Platte
reichen, führen gerade in den Hintergrund,
wo man unter vielen quer herüber ftehenden, hohen und niederen Bäumen ein Haus
gewahr wird. Neben dem Hügel zur Rechten fieht man vier Jungen, wovon drey fitzen,
und einer fteht, welcher zwey grofse Hun-

de, die mitten auf dem Wege fich balgen,
anzureitzen fcheint.

In der rechten Ecke unten, findet man
die verfchlungenen Buchftaben: A. W. und
oben den Buchftaben *c.*

Breite: 5 Zoll, 2 Lin, Höhe: 4 Zoll, 6 Lin.

62. *Die Allee im Walde.*

4.) Der Vorgrund ift auf diefem Blatte
zur Rechten, und breitet fich links hin, bis
über die Hälfte des Stücks aus. Dicht am
Borde rechterfeits ftehen vier hohe Bäume
ganz nabe bey einander ; vier andere fieht
man in der Mitte des Blattes, gegen den
Abhang des Vorgrundes. Zwifchen diefen
zwey Gruppen von Bäumen, die eine natür-
liche Allee bilden, ift ein Weg, welcher vorn
von dem unteren Borde aus, in gerader Linie gegen den Hintergrund führt. Mitten in
der Allee, in einer kleinen Vertiefung, mit
dem Rücken gegen den Zufchauer gewandt,
gehen zwey Männer neben einander. Hart
an dem Abhange des Vorgrundes fliefst ein
Bach hervor, der über einige Steine herab
ftürzt. Vorn breitet er fich bis an den Vorgrund, und bis zur linken Ecke des Blattes
aus. Auf dem Ufer ift links eine lichte Waldung, welche fich bis in den Hintergrund
zieht; dort zeigt fich über die Vertiefung
hinaus die Fortfetzung des Waldes, und in

der Ausficht über den Wafferfall hinaus, ein
flaches Feld, an deffen Ende man in der
Ferne quer her, Gebüfche, und hinter denfelben einen Berg gewahr wird.

Oben links in der Ecke, liest man: *Antoni Waterlo fe.* und rechts ift der Buchftab *d.*

Breite : 5 Zoll, 3 Lin. Höhe : 4 Zoll, 6 Lin.

63. *Die zwey Reiter.*

5.) Auf diefem Blatte fieht man zur Linken am Vorgrunde einen kleinen Erdhügel,
worauf ein grofser Baum fteht, deffen Gipfel bis an den oberen Bord der Platte reichet. Am Fufse des Baumes liegen zwey
Stämme, und neben demfelben, noch etwas
näher an dem linken Borde, fteht ein kleiner Baum, welcher faft ganz dürr ift. Von
dem Erdhügel quer herüber, zieht fich bis
zu dem rechten Borde der Platte, ein kleines
Feld mit einigen Hügeln. Auf demfelben fieht
man zur Rechten am Vorgrunde, einen Mann
und eine Frau, wovon jener auf einem Pferde, diefe auf einem Maulthiere reitet. Vor ihnen läuft ein Hund, und hinter ihnen ein Junge. Das Feld ift gegen den Hintergrund durch
eine Vertiefung begrenzt, welche mit dichtem
Gefträuche bewachfen ift. Hinter diefem zeigt
fich ein kleiner Berg, der fich von der Mitte
allmählich bis an den rechten Bord der Platte
erhebt, und mit mehreren Bäumen befetzet

ift. Ein anderer, jedoch nicht fo hoher, erhebt
fich ebenfalls aus der Mitte des Blattes, und
zieht fich fehr fanft gegen die linke Seite hinauf. Auch diefer ift mit Bäumen und Stauden
fo befezt, dafs man keine Fernung fehen kann.
Oben in der Ecke links, liest man: *A.*
Waterlo fe. und rechts ift der Buchftab *c.*
Breite: 5 Zoll, 3 Lin. Höhe: 4 Zoll, 4 Lin.

64. Die beyden Jungen und der bellen-
de. Hund.

6.) Gegen die Mitte des Blattes, auf einem kleinen Hügel, ftehen vier ftarke und
hohe Bäume, wovon zwey mit ihren Gipfeln
bis an den oberen Bord der Platte reichen.
Ein fünfter eben fo ftarker Baum, fteigt rechts
hinter dem Abhange hervor. Der Hügel neigt
fich von oben gegen den Vorgrund, in fanfter
Richtung hervor, und es führt von demfelben ein Weg herab, der fodann fich zur Linken, gegen die Ecke des Blattes fortzieht.
Auf dem Wege fieht man zwey Bauernjungen: der eine davon links gewandt, und im
Profil zu fehen, hockt nieder, um feine Nothdurft zu verrichten; der andere fteht neben
ihm, und fcheint einen Hund zu reitzen, welcher links aus der Ecke her kommt, und ihn
anbellt. Hinter dem Hügel mit den vier Bäumen, zieht fich ein anderer, ein wenig brei-
terer Weg, rechts bis an die Ecke, und den

unteren Bord der Platte hervor. Hier ſteht, faſt am Vorgrunde , ein Geſträuch mit einigen über daſſelbe hinaus gewachſenen kleinen Bäume. In dem Raume zwiſchen dem linken Borde der Platte, und der Gruppe von vier Bäumen auf dem Hügel , ſtehen im Hintergrunde, auf einem mit dieſem Hügel gleich hohen Erdreich, verſchiedene andere Bäume. Durch die Öffnung zwiſchen der Gruppe von vier Bäumen , und dem rechten Borde der Platte, zeigt der Hintergrund ein kleines Thal, welches mit niederen Bäumen begrenzt iſt, die hinter dem Hügel, quer herüber ſich ziehen. Hinter dieſen niederen Bäumen, in noch weiterer Entfernung , iſt ein Berg.

Oben in der Ecke links, lieſt man: *A. Waterlo fe.* und rechts iſt der Buchſtab *f.*

Breite : 5 Zoll , 2 Lin. Höhe : 4 Zoll , 6 Lin.

Eine Folge von ſechs Blättern.

65. *Der Laſtträger.*

1.) In dieſer Landſchaft zeigt ſich zur Linken ein Felſenhügel, welcher mit wildem Geſtäude ſtark bewachſen iſt. Vorn ſtehen zwey ſtarke, aber krumm gewachſene Bäume , welche ſich rechts hinüber neigen , und deren Gipfel bis an den oberen Bord der Platte reichen. Oben auf dem Hügel ragt hinter dem Gebüſche eine Kapelle mit einem Thürmchen

hervor, auf deſſen Spitze ein kleines Kreutz,
in ſchiefer Richtung, aufgeſtellt iſt. Unter dem
Thürmchen iſt ein rundes Fenſter angebracht·
An dem Fuſse des Felſenhügels läuft ein Bach
in gerader Richtung, bis an den Bord der Platte hervor, wo er einen Waſſerfall bildet. In
der Ecke zur rechten, ganz vorn, ſteht ein
an der Hälfte ſeines Stammes abgeſtumpfter
Eichenbaum mit zwey ſtarken, dick belaubten
Äſten. Hinter demſelben ſieht man einen Weg,
welcher ſich vom linken Borde der Platte gegen den Hintergrund in die Mitte zieht. Auf
dieſem Wege, in einer Vertiefung, geht ein
Mann, der eine Laſt auf dem Rücken trägt.
Zwiſchen dem Waſſerfalle, und dem Wege ſind zwey kleine Erhöhungen, und von
da hinaus, in der Ferne, ſieht man Waldung.

Oben in der Ecke zur Linken, liest man:
Antoni Waterlo fe. et in. Und zur Rechten
ſteht die Nummer 1.

Breite: 5 Zoll, 2 Lin. Höhe: 4 Zoll, 6 Lin.

66. *Der Weg neben der groſsen Eiche.*

2) Beynahe den ganzen vorderen Theil
dieſer Landſchaft nimmt eine kleine Anhöhe
ein, welche vom linken bis zum rechten
Bord der Platte, quer herüber, in faſt gleicher Höhe, ſich erſtreckt. Mitten auf dieſer
Anhöhe iſt ein breiter Weg, der hinter derſelben aus einem Thale herauf, und dann in

gerader Richtung, bis vorn an den unteren
Rand der Platte fich herab zieht. Auf demfelben fieht man zwey Bauern, wovon der eine in das Thal hinab, der andere herauf geht.
Jener trägt feinen Stab auf der Achfel, diefer
hält ihn in der Hand. Nicht fern von dem
Wege, zur Rechten, erhebt fich ein fchöner,
und grofser Eichenbaum, deffen Gipfel faft
den oberen Rand der Platte berührt. Ein anderer Baum mit einem oben abgebrochenen
Stamme und mit unterwärts heraus gewachfenen dicht belaubten Äften, fteht zur Linken
am Vorgrunde. Über diefen Baum hinaus, fieht
man in einiger Entfernung noch eine Anhöhe,
welche von dem linken Borde bis gegen die
Mitte der Platte reicht, und dort einen ftar-
ken Abhang in das Thal hat. Darauf ftehen
in der Mitte neben einander, zwey Gruppen,
wovon die eine aus zwey, die andere aus
drey Bäumen gebildet ift. Noch weiter hinaus, hinter diefer Anhöhe, ragen aus der
Tiefe verfchiedene Bäume hervor. Zwifchen
dem rechten Borde der Platte und der grofsen
Eiche, zeigt fich rückwärts in der Ebene, ein
Stück Waldgeräume mit hohem Getreide,
und hinter demfelben eine dichte Waldung.
Am Vorgrunde zur Rechten, fitzt ein Bauer auf
der Erde; er zeigt den Rücken, und fpricht
mit einem Manne, welcher vor ihm fteht,
und auf der rechten Schulter einen Mantel
hängen hat.

Oben in der Ecke zur Linken, liest man:
A. W. F. und zur Rechten ſteht die Nummer 2.

Breite: 5 Zoll, 4 Lin. Höhe: 4 Zoll, 10 Lin.

67. Die zwey Alleen.

3.) Dieſe Landſchaft iſt in drey deutlich beſtimmte Plane abgetheilt: den erſten nimmt der Vorgrund zur Rechten ein, auf welchem eine Gruppe von fünf hohen Bäumen ſteht; auf dem zweyten Plane, zeigt ſich eine Reihe ſehr hoher, und dicht neben einander ſtehender Bäume, welche in der Mitte des Blattes ihren Anfang nimmt, und in ſchiefer Richtung rechts gegen den Hintergrund ſich zieht. Sie läuft in gleicher Richtung mit den Bäumen des Vorgrundes fort, und bildet eine Allee, aus welcher ein Weg heraus führt, der vorn auf einem freyen Platze ſich theilt, und links und rechts hervor, ſich bis an den unteren Rand der Platte zieht. In dieſer Allee ſieht man einen Mann mit einem Mantel herwärts gehen; und an dem Wege zur Rechten, ganz vorn in der Ecke, entdeckt man einen Wanderer, welcher auf der Erde ſitzt, und ſich auf einen Pack ſtützet, zu ſeinem Füſsen iſt ein groſser Krug. Auf dem dritten Plane, zur Linken des Blattes, ſteht eine andere Reihe von Bäumen, welche eben die Richtung,

.wie die mittere hat, und mit diefer eine zwey.
te, jedoch viel breitere Allqe bildet.

Oben in der Ecke zur Linken, fleht das
aus den Buchftaben A und W zufammen gefetzte Monogramm, und zur Rechten die 'Nummer 3.

Breite: 5 Zoll, 5 Lin. Höhe : 4 Zoll, 1 o Lin.

68. Die drey Bauern auf der Anhöhe am Wege.

4.) In der Mitte diefes Blattes fiehen in
einiger Entfernung, auf einer kleinen Anhöhe, drey fchöne und hohe Bäume in einem
Dreyecke. Weiter herwärts find zwey Hügel,
wovon jener zur Linken mit niederem Geftäude bewachfen ift. Auf dem andern, gegen die
Mitte des Blattes, fitzt ein Mann, und neben
ihm ein Weib, welches den linken Arm in die
Höhe hält. Neben den drey Bäumen, fieht man
zur Linken den Kopf und den halben Leib einer gehenden Figur, mit einem Stabe auf der
Achfel, und zur Rechten zieht fich aus einer
Vertiefung ein Weg herauf, welcher feine
Richtung fchief hervor nimmt, und bis an die
untere Ecke des Blattes fich erftreckt. Ganz
zur Rechten, neben dem Rande der Platte,
fteht auf der Anhöhe eine Bauernhütte, vorn
mit niederen, hinten aber mit hohen, weit
über das Dach hinaus reichenden Bäumen,
und mit einem Zaune umgeben. Von der Bau-

ernhütte quer herüber, zieht fich eine Wiefe,
welche fich zur Linken des Blattes fanft abwärts neigt, und nach ihrer ganzen Breite
mit dicht an einander ftehenden Bäumen, zwifchen welchen man das Dach eines Haufes
gewahr wird, begrenzet ift.

Oben in der Ecke zur Linken, liest man
die verfchlungenen Buchftaben A. W. und *ex.*,
und zur Rechten fteht die Nummer 4.

Breite : 5 Zoll, 5 Lin. Höhe : 4 Zoll, 11 Lin.

69. Der Bauer auf dem breiten Wege.

5.) In diefer Landfchaft zeichnet fich ein
breiter Weg aus, der aus der Mitte des Blattes
rechts hervor fich bis zur Ecke zieht. Längs
dem Wege, zur Rechten, ift ein Erdhügel,
auf welchem an der Stelle, wo er einen aus-
fpringenden Winkel bildet, zwey hohe Bäume dicht neben einander ftehen. Bey diefer
Stelle wendet fich der breite Weg rechts hinein, in ein Dorf, wovon einige Häufer unter
den vielen Bäumen, die von dem rechten
Borde, bis mehr als über die Hälfte der Platte
links herüber fich verbreiten, wahrzunehmen
find. Da, wo fich der Weg wendet, fieht man
einen Bauer, mit einem Stabe auf der Schulter, aus dem Dorfe heraus gehen. Der Vorgrund zur Linken ift ein mit ftruppigem Grafe bewachfenes Erdreich, auf deffen Mitte
ein wild gewachfener Baum fteht. Zwifchen

demselben und dem linken Borde der Platte, sieht man in der Tiefe den unteren Theil des Dorfes, und weiter hinaus, eine kleine Anhöhe, welche mit Bäumen begrenzet ist.

Oben in der Ecke zur Rechten, steht die Nummer 5.

Breite: 5 Zoll, 5 Lin. Höhe: 4 Zoll, 10 Lin.

70. *Das Weib mit den Milchtöpfen auf dem Kopfe.*

6.) Eine waldige Gegend. Auf dem ersten Plane, in der Mitte des Blattes, stehen in einiger Entfernung, drey starke und hohe Bäume in einem Dreyecke nahe beyeinander. Zwischen denselben zieht sich, fast in gerader Richtung, ein Weg bis an den unteren Rand der Platte hervor, auf welchem ein Weib geht, das an der rechten Hand ein Kind führt, und auf dem Kopfe ein grosses Bret trägt, worauf einige Töpfe gestellt sind. Der zweyte Plan ist ein ziemlich flaches Land, welches sich quer herüber, von einem Borde der Platte zu dem anderen zieht. Auf demselben stehen zur Rechten, in einer Reihe, viele Bäume dicht neben einander, welche von dieser Seite die Aussicht sperren. Am Vorgrunde ist eine kleine Pfütze. Zur Linken sieht man zwey Gruppen von Bäumen, und auf dem Vorgrunde, welcher etwas niederer ist, steht ein mit Gesträuche umgebener Zwerg-

F

baum. Durch die Öffnung, zwifchen diefem
und den drey grofseu Bäumen, in der Mitte,
zeigt fich in weiter Entfernung eine Stadt.
Oben zur Rechten in der Ecke, fteht die
Nummer 6.

Breite: 5 Zoll, 5 Lin. Höhe: 4 Zoll, 10 Lin.

Eine Folge von fechs Gebirgsgegenden.

71. *Der zwiefache Wafferfall.*

1.) Diefes Blatt ftellt einen hohen Berg
vor, welcher an dem linken Borde der Platte,
aus der Ferne, wo er am höchften ift, fich gegen den Zufchauer herab zieht. Der Vorgrund
zur Linken ift ein am Fufse des Berges fich
erhebender Hügel, worauf eine Gruppe von
zwey Bäumen fteht, deren Gipfel bis an den
oberen Bord der Platte reichen. In einiger
Entfernung und etwas höher, ragt ein anderer
Felfenhügel hervor, welcher oben mit Fich-
ten bewachfen ift. Zwifchen diefen zwey Hügeln fieht man in der Ferne, quer her, eine
Reihe von Bäumen, und hinter denfelben ein
Gebirge. Vorn fchiefst über zwey Abfätze ein
Wildbach herab, der an dem unteren Rande
der Platte die ganze Breite einnimmt. In der
Ferne zur Rechten zeigen fich Berge, die hinter einander nach zunehmender Höhe gerei-
het find. Auf dem vorderften wird man ein

Dorf mit Bäumen gewahr; die hinterften aber
find kahl.

Oben in der Ecke zur Rechten, liest man:
A. W. F.

Breite: 6 Zoll, 3 Lin. Höhe: 4 Zoll, 2 Lin.

72. Der dreyfache Wafferfall.

2.) Man fieht zur Linken diefes Blattes,
in einiger Entfernung, einen hohen Berg, und
auf demfelben einen Theil von einem Kaftelle
mit zwey runden Thürmen. Etwas näher gegen den Vorgrund, in der Mitte des Blattes,
erhebt fich ein ziemlich hoher und rauher Felfen, welcher oben mit Gefträuche und mit
Bäumen dicht bewachfen ift. Zwifchen diefem
Felfen und jenem Berge, führt ein Weg auf den
Vorgrund bis an den unteren Rand der Platte
herab. Darauf bemerkt man im Schatten einen Mann und ein Weib, die neben einander
fitzen. Zur Rechten des Blattes, find verfchiedene hier und da mit wildem Gefträuche bewachfene Hügel, welche gegen die Ferne hinaus immer fteigen, und dann zuletzt mit einem hohen Berge begrenzet find. Auf diefen
Höhen fieht man hier und da anfehnliche Gebäude; deren eines an einem kleinen See gele-
gen ift, wovon das Waffer über drey Abfätze
herunter ftürzt, und zwifchen Felfenftücken
gerade hervor, bis an den unteren Rand der
Platte, ftrömt.

F 2

In der Ecke rechts, liest man: A. W. F.

Breite: 6 Zoll, 2 Lin. Höhe: 4 Zoll, 3 Lin.

73. Der kahle Felfen.

3.) Die linke Seite diefes Blattes zeigt einen Berg, welcher vorn, wo er anfängt, die ganze Breite des Blattes einnimmt, links hin in die Ferne fich zieht, und dort fall bis an den oberen Bord der Platte reicht. Ein ziem·lich fteiler Weg führt unten, von der linken Ecke des Blattes, zu einer kleinen Kirche mit einem fpitzigen Thurme, welche man auf der Hälfte des Berges zwifchen Bäumen gewahr wird. Neben dem Berge erhebt fich, faft in der Mitte des Blattes, ein ungeheurer, ganz kahler und äufserft fteiler Felfen, längs welchem unten her verfchiedene Bäume ftehen. Auf dem Vorgrunde, etwas zur Linken, fieht man neben dem Wege drey Mänǹner, welche mit einander fprechen: der eine davon fitzt auf der Erde, und hat hinter fich einen Bündel Holz; die anderen zwey ftehen vor ihm. Mehrere fehr kleine Figuren und ein Pferd entdeckt man zur Rechten, an dem Ufer eines breiten Fluffes, über welchen hinaus eine daran gelegene Stadt, und hohes Gebirge im Hintergrunde fich zeiget.

Oben in der Ecke rechts. liest man: A. W. F.

Breite: 6 Zoll, 2 Lin. Höhe: 4 Zoll, 3 Lin.

74. *Das öde Felsengebirge.*

4.) Diefes Blatt ftellt ein ödes, allenthalben mit Bäumen und Stauden wild bewachfenes Felfengebirge vor, welches fich von der linken Seite aufwärts gegen die rechte zieht, wo die höchfte Spitze über die Platte hinaus reicht. In eben diefer Richtung, von der Linken zur Rechten, wird man quer her eine kahle Strecke gewahr, die einem Wege ähnlich fieht, der zu dem hohen Gipfel führt. Jenfeit erhebt fich in der Mitte des Blattes, eine grofse und breite Felfenmaffe, welche oben flach, und mit Bäumen dicht befetzt ift. Diefseit hingegen ift ein Abgrund, aus welchem ein dreyfacher Felfenftein herauf fteigt, wovon der ftärkfte Theil über den Weg heraus ragt. In der Tiefe ift Waffer, das wie in einem Becken eingefchloffen, vorn bis an den unteren Rand der Platte reicht. Zur Linken in der Ferne, zeigen fich durchaus Hügel und Berge.

Oben in der Ecke zur Linken, liest man: A. W. F.

Breite: 6 Zoll, 2 Lin. Höhe: 4 Zoll, 3 Lin.

75. *Der grofse Wafferfall.*

5.) Die Mitte diefes Blattes nimmt ein rauher Felfen ein, welcher oben mit wildem Gefträuche und Bäumen dicht bewachfen ift.

In der Mitte hat er eine breite Öffnung, aus
welcher ein Wildbach über Felfenftücke gerade hervor, bis an den unteren Rand der Platte herab ftürzt. Zur Linken, auf dem Vorgrunde, ftehen dicht neben einander zwey
Bäume, deren Gipfel bis an den oberen Rand
der Platte reichen. Neben dem vorderften,
deffen Wurzeln fehr entblöfst find, liegen quer
her einige abgebrochene dürre Äfte, die zum
Theile vom Waffer befpühlet werden. Ganz
zur Rechten entdeckt man durch das Gehölz
einen fchmahlen Weg, welcher in die Ferne
führt.

Oben in der Ecke links liest man, in verfchlungenen Buchftaben‹ A. W.

Breite: 6 Zoll, 2 Lin, Höhe: 4 Zoll, 3 Lin.

76. *Die zwey Bauernhütten am Fufse des hohen Berges.*

6.) Zur Rechten diefes Blattes fteht ganz
im Schatten, ein hoher Felfen, welcher oben
mit wenigen Bäumen, deren Kronen man nur
zum Theile fieht, befetzet ift. Gegenüber zur
Linken, erhebt fich in einiger Entfernung ein
ungeheurer, fehr fteiler Berg, der oben nur
hier und da mit Geftäude, unterwärts aber
mit vielen hohen Bäumen dicht bewachfen
ift. Am Fufse ftehen zwey Bauernhütten. Vor
der Thüre derjenigen, welche dem linken
Borde der Platte die nächfte ift, wird man

einen Mann gewahr, und ganz vorn zur Linken, fieht man einen anderen, welcher auf
dem Rücken einen Bündel trägt, und feinen
Weg gegen die Hütten zu nehmen fcheint.
In der Mitte des Blattes, ftellt fich durch die
Öffnung zwifchen dem Berge und dem Felfen, eine weite Fernung dar, in welcher ein
mit Bäumen umgebener Ort, und hinter demfelben, weiter hinaus, Berge erfcheinen.
Am oberen Rande der Platte, etwas zur
Linken, liest man: A. W. f.

Breite : 6 Zoll, 2 Lin. Höhe: 4 Zoll, 2 Lin.

Eine Folge von fechs Blättern.

77. *Das Kuppeldach und der Wafferfall.*

1.) Auf dem Vorgrunde, zur Linken diefes Blattes, fteht ein hoher Felfen, welcher
oben mit Bäumen bewachfen ift, deren Gipfel über den Bord der Platte hinaus reichen. Hinter dem Felfen zieht fich links herüber, bis an den unteren Bord der Platte, ein
breiter Weg hervor, neben welchem am Vorgrunde und gegen die Mitte des Stückes, ein
ziemlich dicker, aber fchief gewachfener
Baum, mit einer ganz kleinen Krone von
Blättern ftehet. In einer weiteren Entfernung,
am Rande diefes Weges, da wo er ein Ufer
bildet, fitzet auf einem kleinen Erdhügel

ein Bauer, neben welchem ein Weib mit zwey
Kindern steht. Ein anderer nahe bey, liegt
auf dem Bauche. Den ganzen Hintergrund
nehmen Felsen ein: sie sind von verschiedener Höhe, und in zwey Hauptmassen getheilt,
zwischen welchen, in der weitesten Entfernung, ganz oben, ein grosses Gebäude mit
einem Kuppeldache, und um dasselbe herum,
mehrere Häuser zu sehen sind. Vor diesen
letzteren ist quer herüber eine Wasserleitung
angebracht, unter welcher das Wasser hoch
herab stürzt, und zwischen den zu beyden
Seiten befindlichen Felsenwänden, bis hervor
an den unteren Bord und die rechte Ecke
der Platte sich verbreitet. Die Felsen sind
oben zu, alle mehr und minder mit Stauden
und Bäumen bewachsen. Auf einem derselben, welcher zur Linken, über die oben be-
merkten Figuren hinaus, zu sehen ist, steht
eine Hütte dicht an einen kleinen Gehölze.
Zur Rechten, sehr nahe am Borde, entdeckt
man einen Weg, auf welchem zwey Männer
gegen eine in den Fels gehauene Öffnung
hinan gehen. Über dieser steht eine Hütte,
und hinter derselben, in einer weiteren Entfernung, erhebt sich ein hoher Berg.

Oben in der Mitte, dicht am Rande der
Platte, liest man: *Antoni Waterlo fe. et in. ex.*
und in der Ecke zur Rechten, steht der Buchstab A.

Breite : 5 Zoll, 10 Lin. Höhe : 4 Zoll, 11 Lin.

78. *Der Steg vom hohen zum niederen Felsen.*

2.) In diefer Landfchaft ift der Vorgrund zur Linken faft ganz, wie auf dem vorhergehenden Stücke Nro. 77 behandelt. Er befteht ebenfalls aus einem hohen, rauhen Felfen, welcher mit Stauden und Bäumen dicht bewachfen ift. Unten fliefst ein Wildbach, deffen linkes, ziemlich hohes Ufer mitten aus dem Hintergrunde fich rechts hervor bis an den Vorgrund zieht. Längs diefem Ufer ift ein breiter Weg, welcher vorn fich abwärts neigt, und gegen den linken Bord der Platte, von einigen, mit hohen Bäumen und niederem Geftäude bewachfenen Erdhügeln begrenzet ift. Über den Bach ift ein fchmahler Steg angebracht, welcher zur Linken, von dem hohen Felfen faft quer herüber, in abneigender Richtung, bis auf den Weg an das andere Ufer führt. In der Mitte ftützet ihn ein Felfenftück, das aus dem Bache fich erhebt, und neben welchem auf beyden Seiten das Waffer über grofse Steine herab ftürzt. Zuhöchft auf diefem Felfenftücke, fteht neben dem Geländer ein Kreuz. Auf dem Stege felbft, fieht man einen Hirten, welcher feine Schafe gegen den Weg hinab treibt. Ihm entgegen kommt ein Weib, mit einem Korbe auf dem Kopfe.

In der linken Ecke oben, lieft man: *A.*

Waterlo fe et in. und zur Rechten fteht der Buchftab B.

79. *Die Mutter mit den drey Kindern.*

.3.) Ein etwas erhöhtes, ziemlich flaches Erdreich, das von dem linken Borde, rechts herüber bis in die Mitte der Platte reicht, macht bey diefer Landfchaft den Vorgrund aus. Darauf fteht, nicht fern von dem jähen Abfchufs, das ift : faft gegen die Mitte des Blattes, ein ftarker und hoher Baum, deffen Gipfel bis an den oberen Bord reichet. Hinter demfelben find drey andere, ftufenweife von einander entfernte, gleichfam in einem Dreyecke ftehende Bäume zu fehen ; und noch weiter zurück, zeigt fich quer herüber verfchiedenes hohes und niederes Gehölz, hinter welchem das Dach eines Bauernhaufes hervor ragt. Zwifchen dem erhöhten Erdreiche und einer Waldung, die in der Mitte des Blattes, aus dem Hintergrunde, zuerft quer herüber rechts, und dann herwärts, bis an den Vorgrund fich zieht, ift ein breiter Weg, welcher gerade hervor bis an den unteren Rand der Platte führt, und fich da ausbreitet. Auf demfelben ganz vorn, fieht man ein Weib, welches ein Kind in den Armen, und ein anderes auf dem Rücken trägt: ein kleiner Junge läuft neben ihr her. Hinter ihr, in einiger Entfernung, folgt ein Mann, welcher unter dem rechten Arme einen Bündel, und über der linken Achfel feinen Stab trägt. Alle diefe Figuren find von dem grofsen Baume befchattet. Oben in der Ecke links, ftehen die Buchftaben A. W. und rechts ift der Buchftab C.

Breite: 5 Zoll, 6 Lin, Höhe: 4 Zoll, 11 Lin,

80. Die Treiber im Walde.

4.) Der Eingang in einen lichten Wald auf einem Berge. Ganz in der Mitte des Blattes, auf dem Mittelgrunde, erhebt fich eine ftarke und hohe Eiche, zwifchen drey anderen, ebenfalls hohen Bäumen, wovon zwey quer herüber, zur Linken, nahe beyfammen find, der dritte, minder belaubte aber, gegen die rechte Seite hinüber, frey ftehet. Hinter diefen Bäumen zeigt fich der Wald, welcher zur Linken dicht ift, und dafelbft tiefer hinein fich zu verbreiten fcheint. Rechts herüber ift deffen Grenze durch einen Zaun angezeigt, welcher von dem mitteren grofsen Baume quer herüber gezogen ift. Zwifchen den zwey Bäumen zur Linken, und dem in der Mitte, führt zur rechten Seite herüber, ein fich abwärts neigender Weg bis gegen den Vorgrund heran. Auf diefem Wege reitet ein Mann in einen Mantel eingehüllt; ein Windhund geht vor, und ein Treiber läuft nach. Ganz in

der Ferne, hinter dem mitteren Baume, fieht
man einen Hirten, der einige undeutlich ausgedrückte Schafe vor fich hertreibt; und zwey
neben einander gehende Figuren zeigen fich auf
einem freyen Platze, zwifchen dem linken
Borde der Platte und den zwey beyfammen
ftehenden dicken Bäumen. Der Vorgrund zur
Linken befteht aus zwey Hügeln, wovon der
vordere ziemlich flach ift. Auf diefem letzteren fieht man eine Gruppe von vier Treibern;
der eine davon, welcher den Rücken zeigt,
liegt auf der Erde, und weifet mit feiner aus-
geftreckten rechten Hand auf den Reiter; ein
anderer fitzt neben ihm, und ein dritter, mit
einem Knie auf der Erde, neigt fich abwärts;
einige Schritte davon fteht der vierte, der feinen langen Stab an die Schulter gelehnt hält,
und den drey anderen zuzuhören fcheint.
Der Vorgrund zur Rechten ift ein fchmah-
les, etwas erhöhtes Stück Erdreich, das quer
über die ganze Platte, faft bis an die linke
Ecke, fich zieht; dicht bey dem rechten Borde, wo er am meiften erhöhet ift, fteht Geftäude.

Oben in der Ecke zur Linken, fieht man
die Buchftaben : A. W. F. und rechts den
Buchftaben D.

Breite: 5 Zoll, 7 Lin. Höhe: 4 Zoll, 10 Lin.

81. *Der Schafhirt auf der kleinen Brücke.*

5) Auf diefer Landfchaft fieht man einen
Bach, welcher zur Linken, im Hintergrunde, zwifchen Felfen herab ftürzt, und gegen
die rechte Seite, an den unteren Rand der
Platte hervor fliefst. Das Ufer zur Rechten ift
fehr uneben, und mit Bäumen und Stauden
dicht bewachfen, worunter fich ein hochftäm-
miger Baum auszeichnet, welcher faft in der
Mitte des Blattes fich erhebt, und links hinüber fchief gewachfen ift. Nahe an diefem
Baume ift eine aus zwey Bogen beftehende
fteinerne Brücke, von welcher der Weg auf
den niederen Vorgrund, zur Linken des Blattes, gegen die Ecke fich herab zieht. Auf der
Brücke fieht man einen Hirten, der einige
Schafe gegen das mit Bäumen bewachfene
Ufer treibt. Zur Linken, im Hintergrunde,
über dem Wafferfalle, führt ein hoher Steg
von einem Felfen zu dem andern. Man wird
darauf einen Mann mit feinem Stabe auf der
Schulter gewahr. Der Hintergrund zur Rechten ift Gebirge. Zuvorderft fieht man einen
Hügel, und hinter demfelben Waldung. Etwas
weiter hinaus, erhebt fich ein hoher, oben breiter Berg, mit einem runden Thurm und mehreren Häufern. In der weiteften Entfernung
endlich, zeigt fich ein noch höherer Berg, welcher faft ganz kahl ift, und von dem Borde
gegen die Mitte der Platte fich abwärts neigt.

Oben in der Ecke links, liest man : *Antoni Waterlo fe. et in.* und rechts steht der Buchstab E.

Breite: 5 Zoll, 9 Lin. Höhe: 4 Zoll 10 Lin.

62. *Der Kuhhirt und die Waffermühle.*

6.) Zur Linken diefes Blattes, auf dem Mittelgrunde, steht dicht am Borde der Platte eine Gruppe von fünf Weidenbäumen, hinter welchen ein breiter Weg, in einigen Krümmungen, bis an die linke Ecke und den unteren Rand der Platte fich hervor und abwärts zieht. Auf diefem Wege fieht man einen Hirten, welcher drey Kühe und vier Schafe vor fich hertreibt. Faft auf dem Vorgrunde, ein wenig gegen die linke Seite des Blattes, erhebt fich ein ftarker Baum, deffen Gipfel bis an den oberen Rand der Platte reicht, und weiter rechts herüber, mitten zwifchen dem Baume und dem rechten Borde der Platte, ftehen nahe hinter einander zwey andere hohe Bäume. DasLand, worauf alle diefe Gegenftände vorgeftellt find, ift hintenzu erhöht, und neiget fich gegen den Vorgrund herab. Hinter der Anhöhe fliefst ein Bach, der erft bey den zwey hohen Bäumen fichtbar wird, bis in die rechte Ecke, und an den unteren Rand der Platte hervor. Deffen jenfeitiges Ufer ift durchaus mit Bäumen dicht befetzt, zwifchen welchen ein viereckiges Thürmchen hervor raget, und rechts an dem Rande, fteht eine

,mit Stroh gedeckte Mühle, an deren Aufsen-
wand ein Wafferrad angebracht ift.

Oben in der Ecke rechts, fteht der Buchftab F.

Breite: 5 Zoll, 8 Lin. Höhe: 4 Zoll, 6 Lin.

Eine Folge von fechs Landfchaften.

83. *Die Gruppe von vier Bäumen.*

1.) Auf dem Vorgrunde diefes Blattes zur
Linken, ift eine kleine, mit wilden Stauden
umgebene Pfütze, welche ganz nahe am unteren Borde der Platte, quer her fich ausdehnt,
und zur Rechten wieder etwas weiter fich verbreitet. Auf dem zweyten Plane, in der Mitte
des Blattes, ftehen auf einer kleinen Anhöhe
vier ftarke Bäume faft im Vierecke. Neben
denfelben zeigt fich ein breiter Weg, welcher
von dem rechten Borde der Platte, links hin
gegen die Mitte, in den Hintergrund führt.
Auf diefem Wege geht, mit einem kurzen
Mantel bedeckt, ein Mann, der ein Kind an
der Hand führt. Ihm entgegen kommt ein
Weib, von einem Hunde begleitet. Auf der
anderen Seite des Weges, am dritten Plane,
ift ein Stück Waldung, das vom rechten Borde
der Platte gegen die linke Seite, jedoch nur fo
weit fich zieht, dafs dadurch die Ausficht in
die Ferne nicht benommen ift. Über die Pfütze
hinaus, wo das Land etwas erhöhet ift, wird

man in der weiteßen Ferne ein Dorf gewahr, aus deſſen Mitte ein ſpitziger Kirchthurm hervor ragt.

Oben am Borde der Platte zur Linken, liest man: *Antoni Waterlo fc. et ex.*

Breite: 6 Zoll, 5 Lin. Höhe: 5 Zoll, 1 Lin.

84. *Der Änten-Jäger.*

2.) Man ſieht in dieſer Waldgegend einen Bach, der in einiger Entfernung, zu beyden Seiten eines mit dichtem Gehölze bewachſenen Erdſtriches, links und rechts, aus der Ferne her fliefst, faſt in der Mitte des Blattes ſich vereiniget, vorn bis an den unteren Rand der Platte ſich ausdehnt, und an den rechten Bord ſich herüber zieht. An dem einen Ufer, zur Rechten des Blattes, ſtehen vier hohe Bäume in faſt gleichen Entfernungen; vier andere, ebenfalls hohe, aber krumm gewachſene Bäume, und ein niedriger Weidenbaum ſtehen an dem entgegen geſetzten Ufer zur Linken. Vorn an der Ecke auf eben derſelben Seite, ſieht man einen Jäger knien, welcher auf Waſſergeflügel in dem Rohrwerke des Baches anſchlägt. Neben ihm liegt ein grofser Spürhund auf der Lauer. Von der Stelle, wo der Jäger ſich befindet, führt ein breiter Weg in den Wald hinein.

Breite: 6 Zoll, 2 Lin. Höhe: 5 Zoll, 1 Lin.

85. *Der Hasen-Jäger.*

3.) Zur Linken zeigt sich ein ziemlich
hoher Hügel, welcher rechts herüber, und
auch gerade hervor, bis zu dem unteren Rande der Platte, sich allmählich herab neigt. Darauf steht, gegen die Mitte des Blattes, eine
Gruppe von acht verschiedenen Bäumen, hinter welcher ein krummer Weg bis herab auf
den Vorgrund führt. Auf diesem Wege geht
ein Weib, das auf dem Kopfe einen Korb,
und an dem Arme eine Kanne trägt. Am Auf-
gange zu dem Hügel sieht man, in der Mitte des Blattes, neben dem Wege, einen Jäger hinan gehen. Er trägt sein Gewehr ver-
kehrt auf der Schulter, und hat einen Hasen
daran hangen; hinter ihm gehen zwey zu-
sammen gekuppelte Windhunde, und ein
dritter läuft, eine Strecke vor ihm her, gegen das Weib zu. Zur Linken erhebt sich auf
dem Hügel, in einiger Entfernung, ein anderer Hügel, welcher unten mit Gesträude,
und oben mit Bäumen dicht bewachsen ist.
An der unteren Ecke des Blattes zur Rechten
zeigt sich ein Weg, welcher gegen den Hintergrund, neben dem unteren Hügel, sich vorbey zieht. Zur Rechten dieses Weges ist eine
kleine Anhöhe, die mit Bäumen und Stauden,
unter denen man das Dach eines Hauses gewahr wird, querher besetzet ist. In der Ferne

G

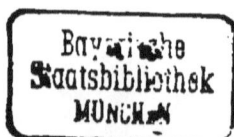

fieht man Waffer, und darüber hinaus, einige Berge.

Breite: 6 Zoll, 5 Lin. Höhe: 5 Zoll.

86. *Die Abenddämmerung im Walde.*

4.) Zur Linken zeigt fich ein fanfter Hügel, welcher gegen die rechte Seite, und auch gerade hervor, bis an den unteren Rand der Platte, fich verbreitet, woher ein breiter Weg fchlängelnd den Hügel hinan führt, auf welchem oben zur Linken, ganz am Borde der Platte, wild gewachfene, mit dichtem, finfterem Geftäude umgebene Bäume zu fehen find. Auf der andern Seite des Weges, heben fich drey hohe, in einem Dreyecke ftehende Bäume empor, deren Gipfel bis an den oberen Bord der Platte reichen. Zwifchen diefen zwey Gruppen von Bäumen reitet ein Mann tiefer in den Wald hinein. Unten am Hügel, gegen die Mitte des Blattes, wird man im dunkeln Schatten noch einen Mann gewahr, der einen Pack auf dem Rücken hat, und niederhockt, um feine Nothdurft zu verrichten. Den Vorgrund zur Rechten macht ein kleines Waffer, das quer her bis zur Mitte des Blattes fich verbreitet. Über daffelbe zeiget fich in einiger Entfernung, auch nach der Quere, eine fchöne Waldung in zwey grofsen Abtheilungen, zwifchen denen ein Weg rechts hervor bis zu dem kleinen Waffer führt. In der untern Ecke rechts, fteht das aus den Buch-

ftaben A und W zufammen gefetzte Monogramm.

Breite: 6 Zoll, 1 Lin. Höhe: 5 Zoll.

87. *Die badenden Jungen.*

5.) Die ganze Breite diefes Blattes nimmt
vorn ein fchmahler Bach ein. An demfelben
erhebt fich zur Rechten, ein Erdhügel, welcher mit Bäumen bewachfen ift, die bis an
den obern Bord der Platte reichen. Hinter
dem Hügel geht bis an den Bach ein breiter
Weg herab, längs welchem, auf der entgegen
gefetzten Seite, ein niedriges Gebüfch zu
fehen ift, das gleich einer Zeile von oben bis
herab, und dann neben dem Bache felbft, bis
an den linken Bord der Platte fich zieht. Daran erhebt fich oberwärts eine Gruppe von
vier Bäumen ; zwey andere Bäume ftehen
dicht neben einander, unten ganz nahe am Bache. Auf dem Wege find bey dem Waffer zwey
nackte Iungen, die fich abtrocknen; ein dritter
fitzt auf dem Ufer diefseits, und der vierte
fchwimmt noch im Waffer. Über die Hecke
hinaus, ift im Hintergrunde die Anficht einer
Stadt, und in der Ferne, zeigt fich ein niedriges Gebirge.

Breite: 6 Zoll, 2 Lin. Höhe: 5 Zoll.

88. *Die im Walde ruhende Familie.*

6.) Auf diefem Blatte zeigt fich in einem
lichten Walde eine Strafse, welche vom Vor-

grunde zur Linken gegen den Hintergrund etwas rechts hinein führt. Das Erdreich ilt zu beyden Seiten erhaben, und belteht aus mehreren Erhöhungen , welche hier und da mit Gebülche beletzet find. Auf deren einer ltehen, ganz in der Mitte des Blattes , zwey fchöne Bäume neben einander. Von denfelben links hin, ift ein offener Platz , und in weiterer Entfernung ein Stück der lichten Waldung. Vorn zur Linken, an der Strafse, fieht man eine wandernde Familie, welche ausruht. Ein Weib fitzt an einen Hügel gelehnt auf der Erde, und fäugt ihr Kind. Der Mann zu ihrer linken Seite, auf der Erde hingeltreckt, hat hinter fich einen grofsen Pack liegen. Zu ihrer Rechten lieht ein kleiner Junge, welcher den Rücken kehrt. Gegen den Hintergrund geht auf der Strafse noch ein Weib , das einen Stab hält, und ein Kind an der Hand führt. Über diefe zwey kleinen Figuren hinaus, zeigt fich in der nicht fehr weiten Ferne einiges Gebüfch und etwas Gebirge.

Oben in der Ecke zur Linken, liest man:
A. Waterlo fe.

Breite : 6 Zoll, 2 Lin. Höhe : 5 Zoll.

Eine Folge von sechs Landschaften.

39. *Der doppelte Weg zu dem Bache.*

1.) In dieser Landschaft sieht man ganz vorn, einen ziemlich breiten Bach, welcher von dem rechten Borde quer her, mehr als zwey Drittheile der Platte einnimmt. Das Land jenseit des Baches ist erhaben, und wächst gegen die rechte Seite hinüber zu einem Berge an, der in weiterer Entfernung äuserst hoch wird. An dem Abhange zeigen sich Felsen, die mit Gebüsche und Bäumen verschiedener Art besetzt sind. Von dem Berge führt ein sehr breiter Weg rechts zu dem Bache hinab. Man sieht einen Mann herunter gehen, der einen Pack auf dem Rücken trägt, und vor dem ein Hund herläuft. Zur Linken des Weges ist, in der Mitte des Blattes, ein länglicher Erdhügel, der auf einer Seite mit Stauden, unter welchen zwey dicht neben einander stehende, wenig belaubte Bäume hervor ragen, bekleidet ist. Neben demselben führt ein zweyter, aber schmählerer Weg ebenfalls rechts her zu dem Bache hinab. Von dieser Stelle weiter hinaus, sieht man Äcker, und in der gröfsten Ferne, ein quer laufendes niedriges Gebirge.

Oben in der Ecke zur Linken, liest man: *Antoni Waterlo f.*

Breite: 7 Zoll, 7 Lin. Höhe: 4 Zoll, 6 Lin.

90. Ansicht einer Holländischen Stadt.

2.) Dieses Blatt gibt die Ansicht einer Holländischen Stadt. Sie liegt auf dem Mittelgrunde des Stücks, und erstreckt sich vom linken Borde quer her bis zur Mitte des Blattes; unter den Gebäuden raget eine Kirche mit einem Gothischen Thurme hervor, welcher sehr hoch, und oben mit einem Kuppeldache, worauf zwischen mehreren Figuren ein Kreutz sich erhebt, versehen ist. Ausser der Stadt, bis zu dem Vorgrunde, sind Äcker, und auf einem Wege neben denselben, sieht man ganz vorn, in der Mitte des Blattes, eine Figur, die etwas auf dem Kopfe trägt. Längs der Stadt und dem Ackerfelde, ist ein breiter Kanal, über welchen die Ausicht in ein flaches, mit mehreren Kanälen durchschnittenes Land von sehr weitem Umfange sich öffnet.

Oben in der Ecke zur Linken, liest man: *A. W. ex.*

Breite: 7 Zoll, 9 Lin. Höhe: 4 Zoll, 5 Lin.

Diese Platte ist später, auf den beschatteten Erdaufwürfen zu beyden Seiten des Weges, welcher vorn zur Linken, neben den Äckern zu sehen ist, ein wenig überarbeitet worden.

91. Das Dorf am Kanale.

3.) Auf diesem Blatte sieht man ganz vorn einen Kanal, welcher sich quer über

das ganze Stück ausdehnt. Auf dem diesſeitigen Ufer, wovon nur ein ſchmahler Theil
zu ſehen iſt, ſteht ganz zur Rechten ein Mann
in einem Mantel, welcher mit einem Weibe
ſpricht. Ein anderes Weib ſitzt daneben auf
der Erde. Etwas mehr gegen die Mitte, ſieht
man einen Jungen mit einer Angelruthe. An
dem jenſeitigen Ufer liegt ein holländiſches
Dorf, das hier und da, zwiſchen den Häuſern, und beſonders bey der Kirche, mit Bäumen beſetzet iſt. Hinter dem Dorfe hinaus, iſt
flaches Land, das ſich in die gröſste Ferne
erſtreckt, und eine Anſicht von Ackerfeldern,
Dorfſchaften, Gärten, Windmühlen, Kanälen und Bächen, in verſchiedenen Lagen und
Abwechslungen, darbiethet.

Oben in der Ecke zur Linken, liest man:
A. W. ex.

Breite: 7 Zoll, 9 Lin. Höhe: 4 Zoll, 4 Lin.

Von dieſer Platte hat man ſchlechte Abdrücke,
auf denen das ſchmahle, dieſſeitige Ufer des Kanals
von einer fremden ſpäteren Hand überarbeitet iſt.

92. Das Dorf auf der Anhöhe.

4.) Ganz in der Mitte dieſes Blattes, ſteht
auf dem Vorgrunde, ein einzelner groſser
Baum, deſſen Gipfel beynahe bis an den oberen Bord der Platte reicht. Das Erdreich um
denſelben herum, iſt voll Erhöhungen, und hier
und da mit wildem Geſträuche beſetzt. Es

macht das Ufer eines Fluſſes, den man zur Linken quer über das Blatt laufen ſieht, der aber, gegen die Mitte, unmerklich in die Ferne ſich hinaus ſchlängelt. Zur Rechten erhebt ſich, eine Anhöhe, neben welcher ein breiter Weg, aus der Mitte des Blattes rechts herab, bis an die Ecke und den unteren Rand der Platte führt. Darauf ſieht man eine Figur zu dem Fluſſe hinab geben, und daneben, auf der Anhöhe ſelbſt, den Theil eines Dorfes. Das Ufer jenſeit des Fluſſes, iſt längs dem Waſſer mit Gebüſche beſetzt, und darüber hinaus, zeigt ſich eine weite Ausſicht, wo man in der gröſsten Ferne eine Windmühle auf einer Anhöhe gewahr wird.

Oben zur Linken in der Ecke, liest man: *Antoni Waterlo f.*

Breite: 7 Zoll, 7 Lin. Höhe: 4 Zoll, 6 Lin.

93. Das Dorf im Thale.

5.) Auf dem Mittelgrunde dieſes Blattes ſieht man quer her ein kleines Dorf, welches zwiſchen den Häuſern mit vielen Bäumen beſetzet iſt. Vor demſelben iſt ein unbebautes Stück Feld, das bis auf den Vorgrund ſich ausdehnt, und die ganze Breite des Blattes einnimmt. Ganz vorn zur Linken, erhebt ſich ein von Erde aufgeworfener Wall, der ſich gegen das Dorf hinzieht, und auf welchem oben, eine Stadtmauer mit zwey vorſpringen-

den, runden Thürmen angebracht iſt. Zur
Rechten des Blattes über das Dorf hinaus, erhebt ſich ein bepflügter Berg. Über das Dorf
hinaus, öffnet ſich die Ausſicht in ein flaches
Land, von einer ſehr groſsen und weiten Aus-
dehnung, mit mehreren Örtern beſetzt, und
mit Kanälen und Flüſſen häufig durchſchnitten.
Oben in der Ecke zur Linken, liest man:
A. W. ex.

Breite: 7 Zoll, 9 Lin. Höbe: 4 Zoll, 6 Lin.

94. Die Waſſermühle am Fuſse des Berges.

6.) Zur Linken dieſes Blattes, ſteht quer
her eine Waſſermühle, an einem Bache, der
bis an den unteren Rand der Platte hervor
flieſst, und dort von der linken Ecke bis zur
Mitte des Blattes ſich verbreitet. Viele dicht
an einander ſtehende Bäume, ragen hinter der
Mühle hervor. Neben derſelben, zeichnen ſich
zwey hochſtämmige Bäume aus, die ganz nahe
bey einander ſtehen. Rückwärts von denſelben, führt ein breiter Weg bis gegen die Ecke
zur Rechten, und an den unteren Rand der
Platte hervor, und darauf geht in der Mitte
des Blattes ein Mann, der ſeinen Stock auf
der Schulter trägt. Längs dem Wege ſind zur
Rechten, einige hier und da mit Gebüſche
beſetzte Hügel. Über der Mühle zeigt ſich
ein hohes Erdreich, welches von der linken
Seite quer her bis über drey Viertel des Blat-

tes fich zieht, und rechts an feinem Ende einen fchroffen Abfchufs hat. Es ift ziemlich
flach, und man fieht auf demfelben zur Linken ein Getreidefeld; rechts her ift es hier
und da mit Gefträuche und Bäumen befetzt.
Über das Getreidefeld.weiter hinaus, erhebt
fich ein Berg, an deffen Fufse man ein mit
Bäumen umgebenes Haus gewahr wird.
Oben in der Ecke,liest man: *Antoni Waterlo f.*
Breite: 7 Zoll 9 Lin. Höhe: 4 Zoll, 6 Lin.

Eine Folge von zwölf Landfchaften.

95. *Der Platz vor dem Hausgarten.*

1.) Auf diefem Blatte zeigt fich zur Linken
ein Haus. Ein Weib fteht unter der Thüre, und
daneben fitzt ein anderes mit einem Manne auf
einer Bank. Von der Bank quer herüber, ift ein
kleiner, mit einer Planke umgebener Garten,
deffen Breite bis an die Strafse hinaus reicht,
welche rechts aus dem Hintergrunde, in einigen
Krümmungen, fich bis an den unteren Rand
der Platte hervor zieht. Hinter dem Garten
ragt hohes Gemäuer empor, welches wegen
zweyer hohen viereckigen Thürme, die fich
daran erheben, und wovon der mehr entfernte
fich in eine Spitze endiget, der Reft eines an-
fehnlichen Schloffes zu feyn fcheint. Auf ei-

nem etwas erhöhten Platze vor dem Garten
fieht man, gegen die Mitte des Blattes, fünf
Männer, wovon drey auf der Erde fitzen, und
zwey ftehen; von letzteren ift einer in einem
Mantel eingehüllt. Auf dem Vorgrunde zur
Linken, fitzt eine alte Frau mit einem Kinde.
Sie fpricht mit einem Manne, welcher, auf ei-
nen Stock geftützet, vor ihr fteht, und einen
Hund bey fich hat. Hinter ihr fitzt ein anderer
Mann, und ein dritter liegt auf dem Bauche.
In der Ferne rechts, entdeckt man wieder fehr
hohes Gemäuer, in der Form eines runden Tem-
pels, und vor demfelben einige Figuren.

Breite: 7 Zoll, 7 Lin. Höhe : 5 Zoll, 8 Lin.

96. Die Stadt mit den verfallenen Ge-
bäuden.

2.) Diefes Blatt ftellt eine auf einer Anhöhe gelegene Stadt vor, in der man viele anfehnliche Gebäude gewahr wird, welche aber
meiftens befchädiget, und zum Theil halb
verfallen find. Der freye Raum auf dem Vorgrunde, fcheint der Platz eines ehemahligen
grofsen Gebäudes zu feyn, wie es mehrere
gewölbte und oben mit Gefträuche bewachfene Öffnungen anzeigen. Vor der äufserften
zur Linken, neben welcher rechts her, ein
fliefsender Brunnen mit einem Becken, an dem
Pfeiler angebracht ift, find vier Männer mit
Ballenbinden befchäftiget; ein Weib mit ei-

nem Korbe auf dem Kopfe, und einem Knaben
an der Hand, geht gegen die Öffnung; zwey
andere Weiber stehen bey dem Brunnen, über
dem Becken geneigt, und weiter rechts sitzt ein
Mann neben einem anderen, der steht. Aus der
Öffnung, in der Mitte des Blattes, treibt ein
Hirt seine Schafherde heraus. Auf dem Vorgrunde zur Rechten, steht ein kleines Haus,
neben welchem zwey Bäume sich hoch erheben. Am Fuße eines derselben sitzt ein Mann,
welcher mit einem vor ihm stehenden Maul-
thiertreiber im Gespräche ist. Neben dem Hau-
se vorbey, geht ein breiter Weg, welcher unten am Borde der Platte seinen Anfang nimmt,
und sich dann links hinauf zwischen die Häuser zieht.

Oben in der Ecke links, liest man: *Antoni
Waterlo f.*

Breite: 7 Zoll, 8 Lin. Höhe: 5 Zoll, 8 Lin.

97. *Der niedere Steg neben der steinernen Brücke.*

3.) Den linken Theil dieses Blattes nimmt
ein auf dem Mittelgrunde etwas erhaben ge-
legener Ort ein, welcher sich rechts hin bis
in die Mitte des Blattes erstreckt. Hier fließt
aus dem Hintergrunde, zwischen einem felsi-
gen Ufer, ein Bach hervor, welcher am unteren Rande der Platte sich ausbreitet. An
der Ecke des Hauses, welches dem Zuschau-

er am nächſten iſt, führt eine gemauerte, breite Stiege, von dem erhöhten Ufer, in den vorn
her niedrigen Theil deſſelben herab. Unten
an der Stiege, ſitzt ein Weib, mit welchem
ein ſtehender Mann ſpricht. Neben dieſen
zwey Figuren, die einen Hund vor ſich haben, iſt ein kleiner Steg angebracht, welcher
quer her, über den Bach führt. Etwas weiter
gegen den Hintergrund, iſt in gleicher Richtung
mit dem Stege, eine ſteinerne Brücke von einem einzigen Bogen, worauf man eine Figur
ſieht. Zur Linken des Blattes ſind zwey mit
Gras und Gebüſche bewachſene Erdhügel,
und auf dem Vorgrunde zur Rechten, erheben ſich drey hinter einander ſtehende Bäume, deren Gipfel bis an den oberen Bord reichen. Zwiſchen dieſen Bäumen und dem rechten Borde der Platte hinaus, ſieht man auf
dem Wege gegen die Brücke, einen Mann,
der einen beladenen Eſel vor ſich hertreibt,
und in der Ferne zeigt ſich einiges Gebüſch
und etwas Gebirge.

Oben in der Ecke links, liest man: *Antoni
Waterlo in. et ſe.*

Breite: 7 Zoll, 6 Lin. Höhe: 5 Zoll, 7 Lin.

98. *Die ruhenden Wandersleute an der Straſse.*

4.) Zur Rechten dieſes Blattes, auf dem
Mittelgrunde, erhebt ſich ein ſteiler Felſen, auf

welchem oben ein viereckiges, aus mehreren
Theilen beltehendes, einem Schloffe ähnli-
ches Gebäude zu fehen ift. Unten, wo er eine
Ecke bildet, ftürzt links und rechts über die
Felfenftücke, Waffer, woraus ein Bach ent-
fteht, der bis an den unteren Rand der Platte
hervor fich ergiefst. An dem dielseitigen, dem
Felfen entgegen gefetzten Ufer, ift gegen die
Mitte des Blattes, ein Erdhügel, welcher
oben und vorn her, mit Gebüfche bewachfen
ift. Bey diefem Hügel vorbey, führt aus dem
Hintergrunde ein breiter Weg, in einigen Krümmungen, bis an den unteren Rande der Platte
hervor, wo er von der linken Ecke rechts
herüber, bis zu dem Bache fich ausbreitet.
An dem Wege fitzen und fprechen mit einander, ein Weib und ein Mann, und an des
leztern Seite, liegt fein Stab und ein grofser
Handkorb. In einiger Entfernung von diefen
zwey Figuren, fieht man noch einen Mann,
dem ein Hund folgt, gegen den Hintergrund
gehen. Über den Weg hinaus, zeigt fich eine
weite Ferne mit niedrigen Bergen. Auf dem
Vorgrunde zur Linken, ftehen neben einander zwey grofse Bäume, wovon einer faft
bis an den oberen Bord der Platte reicht,
von dem anderen aber nur ein Theil der
Stammes zu fehen ift.

Oben in der Ecke links, liest man: *Antoni Waterlo in. et fe.*

Breite: 7 Zoll, 7 Lin. Höhe: 5 Zoll, 7 Lin.

99. *Die Wald-Allee auf der Anhöhe.*

5.) Auf der linken Seite zeigt fich eine
ziemlich fteile Anhöhe, welche rechts her,
über mehr als die Hälfte der Platte fich erftreckt. Zu beyden Seiten ift fie mit Waldung
befetzt, durch welche ein breiter Weg in einer durch die Natur gebildeten Allee, von
oben gerade herab, bis an den unteren Rand
der Platte führt: darin gehen quer hinüber,
gegen den linken Bord, ganz in der Höhe
zwey Männer, deren einer feinen Stab auf
der Schulter, der andere einen Pack auf dem
Rücken trägt. Zur Rechten in einer Tiefe,
fieht man Waffer, das hinter der waldigen
Anhöhe, aus der Mitte des Blattes rechts hervor, bis an die untere Ecke fliefst, und deffen jenfeitiges Ufer mit Bäumen und Stauden
dicht bewachfen ift.

Breite: 7 Zoll, 7 Lin. Höhe: 5 Zoll, 7 Lin.

100. *Das Thor.*

6.) Diefes Stück ftellt einen Platz am
Eingange eines Dorfes vor. Er ift fehr höcke-
rig, und hier und da, befonders aber rechterfeits, mit Gebüfche und Bäumen bewachfen. Ganz auf dem Vorgrunde, erhebt fich
dort ein fchlanker, nicht ftark belaubter
Baum, deffen Gipfel bis an den oberen Rand
der Platte reicht. Auf dem Mittelgrunde zur

Linken, fteht ein Haus von einem Stockwerke, auf einer kleinen Anhöhe, zu welcher eine Treppe hinan führt. Von diefem Haufe
führt quer herüber, eine dicke Mauer, in deren Mitte ein grofses offenes Thor ift, zu der
Thüre eines anderen Haufes, das vorn fchmahl
fich in die Länge, weit gegen den rechten Bord
erftrecket. Unter dem grofsen Thore fteht ein
Mann und Weib, die mit einander fprechen.
Ein anderes Weib, das einen Wafferkrug
auf dem Kopfe trägt, fieht man oben an der
Treppe: durch das Thor und über die Stadtmauer hinaus, wird man im Hintergrunde viele Bäume, und unter denfelben noch ein Haus
gewahr. Ins befondere zeichnet fich ein hoch-
ftämmiger Baum aus, welcher innerhalb dem
Thore, zur Rechten, einzeln fich erhebt. Aus
dem Thore führt ein Weg heraus, der fich
mitten auf dem Platze links und rechts theilt,
und fich an beyden Orten, bis hervor an den
unteren Rand der Platte zieht. Neben dem
Wege zur Linken, erhebt fich ein Erdhügel,
der oben mit Bäumen befetzt ift. Untenher am
Wege, entdeckt man im dunkelften Schatten,
ein auf der Erde fitzendes Weib, und einen
ftehenden Mann, wie auch einen Hund.

Breite: 7 Zoll, 8 Lin. Höhe: 5 Zoll, 8 Lin.

101. *Die zwey steinernen Brücken.*

7.) Auf dem Mittelgrunde, zur Linken dieses Blattes, an der hohen Stadtmauer, längs welcher aus dem Hintergrunde ein Fluss hervor läuft, der sich vorn über das ganze Blatt ausbreitet, ist ein Stadtthor, wohin eine grosse steinerne Brücke von dem entgegen gesetzten Ufer quer herüber führt. Die Brücke besteht aus zwey Bogen, wovon jener zur Rechten schon eingefallen, und durch Balken ersetzet ist, welche von dem nächsten Ufer bis zu dem in der Mitte befindlichen steinernen Pfeiler gelegt sind. Auf diesem Theile der Brücke reiten neben einander zwey Männer, denen ein Junge mit einem empor gehaltenen Stabe nachgeht. Zur Rechten am Rande des Blattes erhebt sich ein oben mit Gebüsch und Bäumen dicht bewachsenes, rundes Bollwerk, an welchem unten herum ein schmahler auf Pfählen ruhender Fusssteig angelegt ist. Auf demselben sitzt ein Mann, der mit der Angel fischt. Durch den verfallenen Bogen der Brücke zeigt sich in der Ferne, eine zweyte über denselben Fluss gebaute steinerne Brücke von mehreren Bogen, deren jedoch nur drey sichtbar sind. Darüber hinaus wird man einige Häuser, und in der weitesten Ferne einen Berg gewahr.

Breite: 7 Zoll, 9 Lin. Höhe: 5 Zoll, 9 Lin.

H

102. *Die Herde an der steinernen Brücke.*

8.) In der Mitte des Blattes, auf dem zweyten Plane, sieht man eine steinerne Brücke von zwey Bogen, unter welcher ein Flufs links her bis an den unteren Bord der Platte hervor läuft. Am diesseitigen Ufer, mitten auf dem Vorgrunde, spricht ein stehender Mann mit zwey anderen, wovon der eine mit dem Rücken an zwey quer über einander liegende Baumstämme gelehnt, auf der Erde, der andere auf dem obersten dieser Stämme sitzt. Neben dem Geländer der Brücke, stehen auf dem Ufer dicht neben einander zwey Bäume, und etwas weiter sieht man einen Hirten, der vier Kühe und ein Schaf von der rechten Seite zur linken, gegen die Brücke, vor sich hertreibt. Über die kleine Herde hinaus, zeigt sich in der Ferne, quer herüber, ein niedriges Gebirge. Am Vorgrunde zur Rechten, erhebt sich ein steiler Fels, welcher oben mit wildem Gehölze stark bewachsen ist. An dem jenseitigen Ufer zur Linken, stehen zwey kleine Häuser, die durch eine Hofmauer, woran ein Thor ist, verbunden, und von hinten mit vielen Bäumen umgeben sind.

Oben in der Ecke links, liest man: *Antoni Waterlo in. et fe.*

Breite: 7 Zoll, 7 Lin. Höhe: 5 Zoll, 7 Lin.

103. *Die Waſſermühle im Walde.*

9.) Zur Linken dieſes Blattes erhebt ſich
ein waldiger Hügel, welcher rechts herüber
bis in die Mitte ſich ausdehnt, und gegen den
Vorgrund ſich ſanft hinab neigt. Hinter dem
Hügel flieſst ein Bach, der in der Mitte über
ein Wehr herab ſtürzt, rechts bis an die untere Ecke hervor. An dem jenſeitigen Ufer
ſteht eine Mühle, welche zu beyden Seiten,
und von hinten mit vielen Bäumen und Stauden umgeben iſt. In der Hausthüre ſieht man
eine Figur, und daneben eine hölzerne Treppe
von zwey Stufen mit einem Geländer. Von
der Thüre, führt an den waldigen Hügel ein
Steg herüber, und unter demſelben iſt ein
Mühlrad. Auf dem Vorgrunde zur Linken,
ſieht man einen Bauer, welcher einen Eſel
mit Holzbündeln beladet, und neben demſelben iſt ein anderer beſchäftiget, etwas von
der Erde aufzuheben. Mehr gegen die Mitte
ſpielen zwey Hunde mit einander.

Oben in Ecke links, liest man: *Antoni
Waterlo in. et fe. et ex.*

Breite: 7 Zoll, 7 Lin. Höhe: 5 Zoll, 7 Lin.

104. *Der Falkner, der Jägerjunge und die zwey Windhunde.*

10.) Auf dieſem Blatte, das eine waldige Gegend vorſtellt, ſieht man in der Mitte,

in einiger Entfernung, eine Anhöhe, neben
welcher zur Linken ein Weg gerade herab
bis an den unteren Bord der Platte führt.
Auf dem Wege, nahe am Vorgrunde, geht
ein Falkner, und neben ihm ein Jägerjunge;
der erſtere trägt einige Falken am Reife, und
der andere hat ein Schießgewehr auf der
Schulter. Jeder iſt von einem Windhunde begleitet. Neben der Anhöhe zur Rechten, ſtürzt
in der Tiefe ein Bach über Felſenſtücke, und
flieſst bis an den unteren Rand der Platte
hervor.

Oben in der Ecke links, liest man: *Antoni Waterlo in. et fe.*

Breite: 7 Zoll, 7 Lin. Höhe: 5 Zoll, 5 Lin.

105. Die zwey ruhenden Jäger.

11.) Faſt in der Mitte des Blattes, in einer kleinen Entfernung, erheben ſich, auf einem freyen Platze, drey ſehr grofse Bäume,
welche hinter einander quer herüber ſtehen,
und deren blattreiche Gipfel ſich über den
gröfsten Theil des Blattes oben ausbreiten.
Von dieſen Bäumen links, ſteht ein Heuſchop-
pen innerhalb einem breternen Zaun, der
vom linken Borde quer herüber bis in die
Mitte des Blattes ſich erſtreckt. Aus dem
Zaune führt durch eine Öffnung ein Weg heraus, welcher ſich gerade hervor bis an den
unteren Rand der Platte zieht. An dem We-

ge fitzen, nicht ferne von den drey grofsen
Bäumen, zwey Jäger auf der Erde, und fcheinen auszuruhen. Neben dem einen liegt ein
Hund, den ein anderer mitten auf dem Wege anbellt. Zur Rechten des Blattes, neben
dem etwas erhöhten Erdreiche, worauf die
befchriebenen Gegenftände fich befinden, fliefst
ein Bach rechts bis an die Ecke hervor, deffen jenfeitiges Ufer mit Gefträuche und Bäumen, welche links hin fich quer über das
ganze Blatt verbreiten, und eine Wáldung
bilden, dicht befetzt ift; dazwifchen ragt, gegen die Mitte des Blattes, das Dach eines
Haufes, und über die Bäume hinaus, weiter
rechts, in der Entfernung, ein Thurm hervor.

Breite : 7 Zoll, 6 Lin. Höhe : 5 Zoll, 8 Lin.

106. *Die Waldfpitze, und das Dorf auf der Anhöhe.*

12.) Auf dem Vorgrunde, gegen die Mitte des Blattes, zeigen fich, auf einer kleinen
Erhöhung, zwey dicht neben einander ftehende Bäume, deren Gipfel faft den oberen Rand
der Platte erreichen; neben denfelben, rechts
herüber, fteht ein Wurzelftock. Hinter der
Erderhöhung fliefst aus der Mitte ein Bach,
welcher rechts bis an die Ecke und den unteren Rand der Platte fich ausdehnt. Zur Linken führt aus einer Vertiefung, ein breiter
Weg herauf, der fich etwas rechts, ebenfalls

bis an den unteren Rand der Platte hervor
zieht. Aus der Vertiefung, über welche hinaus Waldung ift, kommt ein Mann, den man
nur bis auf den halben Leib fieht, und hinter ihm wird man Vieh gewahr; welches
aber fehr undeutlich ausgedrückt ift. Neben
dem Wege, an der Erderhöhung, fitzen zwey
Weiber, die mit einander fprechen, und neben ihnen ift ein Hund. Zur Rechten des
Blattes, über dem Bach, zeigt fich eine Strecke Landes mit Hügeln und Gefträuchen, die
fich gegen die Ferne zu, allmählich zu einem
Berge erhebt, worauf man, in der Mitte des
Blattes, ein mit vielen Bäumen befetztes
Dorf fieht. Auf einem Platze vor demfelben,
weiden einige Schafe, und auf einem Wege,
der fich von dem Dorfe bis in die Vertiefung
herab ziehet, wird man zwey neben einander gehende Menfchen gewahr.

Oben in der Ecke links, liest man: *Antoni Waterlo in. et fe.*

Breite: 7 Zoll, 7 Lin. Höhe: 5 Zoll, 7 Lin.

Eine Folge von fechs Landfchaften.

107. *Der Eingang in den Wald über
den Steg.*

1.) In der Mitte diefer Landfchaft fieht
man, in einiger Entfernung, einen Bach, welcher gerade her fliefst, fich vorn links und

rechts theilt, und fo am ganzen unteren Rande der'Platte fich ausbreitet. Ein fchmahler
nur auf einer Seite mit einem Geländer ver-
fehener Steg führt von dem Ufer zur Rechten
quer herüber auf das andere, wo er mit einer breternen Zaunthüre verfperret ift. An
diefem Ufer, fieht man auf dem Vorgrunde,
dicht am linken Borde der Platte, den Stamm
eines grofsen Baumes, und weiter zurück, ftehen zwey einzelne hohe Bäume, deren Gipfel
oben über das Bild hinaus reichen. Hinter
den zwey Bäumen ift ein mit einer quer her
gezogenen Planke eingefchloffenes Gehölz.
Längs dem anderen Ufer, geht aus der Mitte
des Blattes, ein breiter Weg rechts hervor,
neben welchem viel dickes Gebüfch, und hohe
fowohl als niedrige Bäume aller Art zu fehen
find. Dazwifchen ragen hier und da Dächer
hervor. Gegen die Mitte zeigt fich in weiter
Ferne, ein Dorf mit einem Thurme und einer
Windmühle, und noch weiter hinaus ein Gebirge, das fich gegen die rechte Seite quer
herüber zieht.

Unten, aufser dem Rande des Blattes, fteht
zur Linken die Nummer 1, und zur Rechten
liest man: *Antoni Waterlo fc.*

Breite: 10 Zoll, 6 Lin. Höhe: 8 Zoll.

Es gibt von diefer Platte fchlechte Abdrücke,
in denen der Stamm des auf dem Vorgrunde, dicht
am linken Bord der Platte, befindlichen grofsen
Baumes ganz überarbeitet ift.

108. *Die jungen Holz - Schläge.*

2.) Auf dem Vorgrunde diefes Blattes, zur Rechten, und nahe am Borde der Platte, ftehen dicht beyfammen, drey grofse Bäume, deren Gipfel weit über den oberen Rand des Bildes hinaus reichen. In einiger Entfernung, nähmlich auf dem zweyten Plane, zeigt fich ein junger Holzfchlag, welcher fich bis zur Mitte des Blattes erftreckt, und mit einer Planke eingefangen ift. Ein anderer, mit einem Zaun umgebener, findet fich zur Linken, und zieht fich etwas rechts gegen die Mitte hinaus. Ein breiter Weg, welcher hinter dem erftern Schlage zur Rechten heraus, und hinter dem zur Linken vorbey führt, theilt fich an der Ecke des letzteren, und zieht fich gerade hervor bis an den unteren Rand der Platte, wo er von der linken Ecke bis zur Mitte des Blattes fich ausdehnt. Ein dritter, gleichfalls eingezaunter, Holzfchlag zeigt fich auf dem dritten Plane, mitten durch die Öffnung, zwifchen den zwey erfteren Schlägen.

Unten aufser dem Rande, zur Linken, fteht die Nummer 2, und zur Rechten liest man: *Antoni Waterlo fe.*

Breite: 10 Zoll, 6 Lin. Höhe: 7 Zoll, 11 Lin.

109. *Der Mann und das Weib im Bache.*

3.) Diefe Landfchaft ftellet einen Hügel
vor, welcher von der linken Seite, wo er
am höchften ift, fo wohl rechts herüber,
als auch gegen den Vorgrund her, fanft fich
hinab neigt. Ganz unten, zur Rechten des
Blattes, fliefst ein Bach, durch welchen ein
Mann und ein Weib, herwärts gegen den
Vorgrund, waten. Der Mann, welcher einen
Pack auf dem Rücken trägt, zieht feine Bein-
kleider über die Kniee, und das Weib hält
ihren Rock aufgefchürzt. Ein Hund geht ihnen zur Seite. Neben diefen zwey Figuren
fitzt am Ufer ein junger Menfch, der feine
Stiefeln anzieht. Ganz zur Linken des Blattes, auf dem Vorgrunde, ftehen dicht neben
einander zwey fehr grofse Bäume, deren Gipfel weit über den oberen Rand des Bildes
hinaus reichen. Hinter denfelben, auf der
gröfsten Höhe des Hügels, zeigt fich längs
einem Ackerfelde ein geflochtener Zaun, neben welchem von oben bis an den unteren
Rand der Platte ein Weg herab führt, der
von der linken Ecke bis zur Mitte des Blattes fich ausbreitet. Ganz unten am Hügel, wo
der Bach am Ufer einen Winkel bildet, fteht
ein kurzer, aber dicker Stock, und hinter
demfelben, weiter aufwärts, gegen die Mitte
des Blattes, erhebt fich ein fchöner einzelner

Baum. Hinter dem Ackerfeld steht sehr nahe beysammen, Ober - und Unterholz, welches von dem linken Borde der Platte quer herüber bis hinter den einzelnen Baum sich zieht. Über den Bach hinaus ist dichtes Gebüsche, das vom rechten Borde der Platte sich gegen die Mitte in den Hintergrund verliert, und aus welchem das Dach eines Hauses, und daneben zwey hohe Bäume hervor ragen. In der größten Ferne über das Gebüsche hinaus, zeigt sich quer herüber ein Fluss, und jenseits Gebirge.

Unten außer dem Rande, zur Linken, steht die Nummer 3, und nicht weit davon liest man: *Antoni Waterlo fe.*

Breite : 1 o Zoll, 4 Lin, Höhe: 8 Zoll.

110. *Der Bauer mit der Schaufel.*

4.) Diese Landschaft stellet einen Weg neben einem Walde vor. Zur Rechten des Blattes, sieht man eine Partie verschiedener in einander gewachsener Bäume, welche der Anfang eines dicken Waldes zu seyn scheinen. Diese Bäume breiten sich links herüber fast bis zur Hälfte des Blattes aus, und die vordersten derselben sind so hoch, dass ihre Kronen weit über den oberen Bord der Platte hinaus reichen. Auf dem zweyten Plane, steht ganz in der Mitte des Blattes, ein Bauer, welcher den Rücken kehrt, mit der rechten

Hand fich auf eine Schaufel ftützt, und mit
der linken neben fich hindeutend, zu einem
vor ihm auf der Erde läffig hingeftreckten
Hirten fpricht. Um fie herum, weiden vier
Schafe. Weiter gegen die Ferne hinaus, ein
wenig mehr links, erhebt fich ein kleiner
Hügel, worauf drey Weidenbäume find, zwifchen denen eine Kuh, von hinten zu fehen,
abwärts gehet. Längs diefem Hügel, fieht man
einen Zaun, der vom linken Borde der Platte,
hinter dem Hügel vorbey, rechts hinüber bis
an die Waldung, in die Ferne fich hinaus
zieht. Durch einen Sperrbaum, der an dem
Zaune zur Linken des Blattes angebracht ift,
führt ein · Weg, in faft gerader Richtung,
an den Vorgrund her, wo er bey dem Rande einer kleinen Pfütze fich links und rechts
theilt. Zu deffen beyden Seiten find einige
Erhöhungen, die mit Grafe bewachfen find.
Über den Zaun zur Linken hinaus, zeigt fich
in einiger Entfernung eine Bauernhütte, welche mit Bäumen und Bufchholz umgeben ift.
In der gröfsten Ferne, entdeckt man eine
Stadt, mit Thürmen und Windmühlen.

 Unten, aufser dem Rande, zur Linken,
fteht die Nummer 4, und zur Rechten liest
man: *Antoni Waterlo fc.*
  Breite: 10 Zoll, 5 Lin. Höhe: 8 Zoll.

111. *Der in dem Walde ruhende Wanderer.*

5.) Ganz zur Linken diefes Blattes, erhebt fich auf dem Vorgrunde, ein hoher wenig belaubter Baum, deffen Krone weit über den oberen Rand der Platte hinaus reicht. Kleinere Bäume ftehen ganz nahe um ihn herum. Daneben fieht man, durch eine kleine Öffnung, in der Ferne einen Bach, welcher rechts hervor bis an den unteren Rand der Platte fliefst. In der Mitte des Stücks, an einer Erdfpitze des hin und wieder ausgefchwemmten jenfeitigen Ufers, unterfcheidet man drey Weidenbäume, wovon der mittere fchief gewachfen, die anderen zwey wenig belaubt find. Hinter diefen ift auf dem etwas erhöhten Ufer, ein breiter Weg, welcher bis zur unteren Ecke des Blattes fich hervor zieht. Daran fitzt ganz vorn, auf der linken Seite, ein Wanderer, und vor ihm fein Hund. Auf dem Rücken hat er einen grofsen Pack, und den an feine Schulter gelehnten Stab hält er in beyden Händen. Nicht fern von ihm fteht am Rande des Ufers, ein einzelner fchöner Baum. Noch weiter gegen den Hintergrund, wird man auf dem Abhange des Weges gegen eine Vertiefung, einen anderen Mann gewahr, der vom Rücken, aber nur bis an den halben Leib zu fehen ift. Auf der rechten Seite des Weges ift dichte Waldung, wel-

che links hin, faſt über das ganze Bild, ſich
gegen die Ferne hinaus zieht.

Unten, auſser dem Rande, ſteht zur Linken die Nummer 5, und zur Rechten liest
man: *Antoni Waterlo fe.*

Breite: 10 Zoll, 6 Lin. Höhe: 8 Zoll, 2 Lin.

112. Die zwey Männer in der Ver-
tiefung.

6.) Zur Rechten dieſes Blattes iſt eine
waldige Anhöhe, von welcher ein Weg links
herab führt. Zu beyden Seiten deſſelben ſteht
dichtes Gehölz, deſſen Fortſetzung einen groſsen Wald, oben rechts hinein, vermuthen läſst.
Ungefähr auf der Mitte des Abhanges, iſt quer
über den Weg eine Vertiefung, in welcher
man zwey aus dem Walde herab kommende
Männer wahrnimmt. Der eine iſt bis an den
halben Leib, der andere nur bis auf die Bruſt
zu ſehen. Faſt auf dem Vorgrunde, theilt ſich
der Weg auch rechts herüber, wo er an der
Mitte bis an den unteren Rand der Platte
hervor läuft. Daneben iſt auf eben dieſer Seite
ein kleines Waſſer, das von der Ecke des
dort befindlichen Gehölzes bis zur unteren
Ecke der Platte ſich erſtreckt. Zur Linken,
über das längs dem Wege ſtehende Buſch-
holz hinaus, zeigt ſich offenes Land, das mit
mehreren quer her ſtehenden Partien von Gebüſche untertheilet iſt, und in der weiteſten

Ferne eine Stadt, und darüber einige Berge
fehen läfst.

Unten, aufser dem Rande, fteht zur Linken die Nummer 6, und zur Rechten, *Antoni Waterlo fc.*

Breite: 10 Zoll, 6 Lin. Höhe: 8 Zoll, 1 Lin.

Eine Folge von fechs Landfchaften.

113. *Der grofse Lindenbaum vor der
Schenke.*

1.) Auf dem Mittelgrunde diefes Blattes
fieht man, etwas zur Rechten, eine Schenke, welche quer her fteht, und fich gegen
den rechten Bord der Platte zieht. Daneben
ift dickes Gebüfche von hohem und niederem
Holze, welches mit einem, von der vorderen
Ecke des Haufes bis zu dem rechten Borde
der Platte quer her gezogenen Zaune, eingefangen ift. In einiger Entfernung von der
Schenke, rechts hervor, ftehen nahe bey dem
Zaune, aber aufser demfelben, neben einander, zwey blätterreiche Lindenbäume, welche fich hoch über das rückwärts befindliche
Gebüfch erheben, und quer herüber von der
Schenke, ftehet faft mitten auf dem Blatte,
ein einzelner Lindenbaum, deffen Stamm un-
ten mit einer Bank umgeben ift, worauf ein
Mann fitzt, der einen Pack auf dem Rücken,

und einen Stab in der Hand hat. Ein anderer, ebenfalls mit einer Laſt auf dem Rücken,
und mit einem Stock in der Hand, geht zu
der Schenke hin. Einen Reiter und neben ihm
einen Jungen zu Fuſs, die gegen den Hintergrund ſich wenden, ſieht man auf einem Wege, der aus der Ferne ſich, zwiſchen dem Lin-
denbaume und der Schenke, rechts her bis an
die untere Ecke des Blattes hervor zieht. Auf
dem Vorgrunde, gegen die Mitte des Blattes,
ſteht an dem Wege der Stock eines abgehauenen Baumes, und auf der anderen Seite, nahe
am Borde der Platte, liegen quer her zwey
Stämme neben einander. In der Ferne zur
Linken, zeigen ſich ein Paar Häuſer im Gebüſche, und hinter demſelben, weiter hinaus,
iſt ein niedriges Gebirge.

Unten, auſser dem Rande der Platte,
liest man zur Linken: *Anthonius Waterloo
invenit et fecit*, und zur Rechten ſteht die
Nummer 1.

Breite: 10 Zoll, 6 Lin. Höhe: 8 Zoll, 5 Lin.

114. *Das Weib und das Mädchen auf
dem Stege.*

2.) In der waldigen Gegend dieſes Stückes, ſieht man auf dem zweyten Plane, in
der Mitte des Blattes, eine Erhöhung, auf
welcher zwey hohe Bäume nahe bey einan-

der ftehen, und unter diefen fitzt ein Weib,
und ihr gegen über ein Mann, der einen Pack
auf dem Rücken, und feinen über dem Knie
liegenden Stab in der Hand hält. Hinter der
Erhöhung fliefst zur Linken ein kleiner Bach,
über Felfenftücke ftürzend, bis an die untere
Ecke des Blattes hervor. Darüber ift ein kleiner Steg, worauf ein Weib, das einen Korb
auf dem Rücken trägt, und dem ein kleines
Mädchen folgt, gegen die Erhöhung geht.
Das Ufer zur Linken ift mit hohem und niedrigem Holze dick bewachfen, welches fich
hinter der Anhöhe rechts hin zieht, allmählich zwar lichter wird, aber nur gegen den
rechten Bord der Platte, durch eine fchmahle Öffnung, eine Auficht in die Ferne läfst.
Von da her zieht fich ein Weg hervor, der
bey der Anhöhe rechts und links fich theilt,
und bis an die beyden unteren Ecken der
Platte fich ausdehnt.

Unten aufser dem Rande liest man zur
Linken: *Antoni Waterlo fe. et inv.* und zur
Rechten ftheht die Nummer 2.

Breite: 1 o Zoll, 8 Lin. Höhe: 8 Zoll, 5 Lin.

115. *Der Weg durch den Wald.*

3.) Diefes Blatt ftellt einen lichten Wald
vor, durch deffen Mitte ein etwas gekrümm-
ter Weg aus dem Hintergrunde her bis an
den unteren Rand der Platte führt. Zur Lin-.

ken des Weges, auf dem Vorgrunde, ſtehen
dicht neben einander zwey ſehr groſse Bäume, die ſich über die ganze Höhe des Blattes erſtrecken, und von deren Kronen man
nur einige Äſte gewahr wird. Zwey andere ebenfalls hohe, aber wenig belaubte
Bäume ſtehen, einer hinter dem andern,
auf dem zweyten Plane. In noch weiterer Entfernung, auf dem dritten Plane,
ſieht man ein dickes Gehölz, welches von
dem linken Borde der Platte quer her bis
an den Weg ſich ausdehnt. Auf dem Vorgrunde, zur Rechten des Weges, iſt ein kleiner Hügel, welcher gegen die untere Ecke
des Blattes, auf eben dieſer Seite ſich in-
ab neigt, und dort den Rand eines Sumpfes
bildet. Auf dem entgegen geſetzten Rande erheben ſich zwey ſchön belaubte Bäume, welche hinter einander, und zwiſchen dem Wege und dem rechten Borde der Platte, in der
Mitte ſtehen. Fünf bis ſechs andere dergleichen Bäume ſtehen einzeln auf dem dritten
Plane in verſchiedenen Zwiſchenräumen. Noch
weiter in die Ferne hinaus ſieht man eine
dichte Waldung. Ein Mann, der an ſeinem
über die Schulter gelegten Stocke einen Pack
trägt, wandert vorn auf dem Wege gegen die
linke Seite in einer Vertiefung. Zwey andere,
undeutlich ausgedrückte Figuren, deren eine,
wie es ſcheint, ein Weib, etwas auf dem Ko-

I

pfe, die andere, ein Mann, einen Bündel auf
dem Rücken trägt, gehen in der Ferne hinter einander, quer über den Weg von der linken gegen die rechte Seite.
Unten aufser dem Rande der Platte liest
man zur Linken: *Anthonius Waterlo invenit
et fecit*, und zur Rechten fteht die Nummer 3.

Breite: 10 Zoll, 7 Lin. Höhe: 8 Zoll, 5 Lin.

116. Der Bauernhof am Waſſer.

4.) Auf dem Mittelgrunde dieſes Blattes
fieht man zur Linken einen mit Stauden und
Bäumen dicht bewachſenen und eingezaunten
Platz, welcher von dem linken Borde bis zur
Mitte der Platte ſich erſtreckt. An dem Zaune
iſt ganz zur Linken ein hohes, offenes Thor, und
von da hinein, erhebt ſich über die Bäume das
Dach eines Hauſes, das in die Quere ſteht.
Aufserhalb des Zaunes iſt das nicht ſehr breite
Ufer eines Waſſers, welches aus der Ferne,
von der linken Seite her kommend, theils gegen den rechten Bord der Platte ſich gerade
hin erſtreckt, theils links herüber ſich wendet,
und vorn über die ganze Breite des Blattes
ſich erſtreckt. Auf einem kleinen Stücke des
Vorgrundes, das zur Rechten einen Theil
des Ufers ausmacht, ſteht ein ſehr verſtüm-

melter Baum, welcher nur wenige Äſte
und Blätter hat. Auf dem anderen Ufer, gegen die linke Seite, erheben ſich zwey hohe
Bäume, welche neben einander ſtehen, und
mit ihren Gipfeln beynahe bis an den oberen
Rand der Platte reichen. Eine aus zwey anderen dergleichen Bäumen und zwey Weiden
beſtehende Gruppe ſieht man an der Spitze
des Ufers, wo das Waſſer ſich wendet. Nicht
ferne davon zeigt ſich in einem Nachen ein
Mann, welcher angelt. Über demſelben hinaus iſt in dem Hintergrunde flaches Land,
und ganz in der Ferne die Anſicht eines
Dorfes.

Unten auſser dem Rande liest man zur Linken: *Anthonius Waterloo invenit et fecit*, und
zur Rechten ſteht die Nummer 4.

Breite: 10 Zoll, 7 Lin. Höhe: 8 Zoll, 4 Lin.

117. *Der Reiter neben dem Zaune.*

5.) Zur Linken ſieht man ein Stück von
einem Kornfelde, das ſich etwas rechts, gegen
einen auf dem Mittelgrunde befindlichen freyen
Platz hinauszieht. Faſt mitten auf dieſem Platze erhebt ſich ein groſser Baum, und zwey
andere ſtehen in einiger Entfernung links und
rechts. Gegen den Hintergrund iſt er mit dichtem Gebüſche, vorn zu aber mit einem Zau-

I 2

ne umgeben, welcher in gleicher Richtung mit
der vorderen Linie des Kornfeldes, rechts gegen
die Tiefe fich hinein zieht, wo an der Ecke ein
grofses offenes Thor fich zeiget, an deffen
einer Pfofte ein Balken gefpreitzt ift. Zur Rechten des Thors reitet ein Mann, in einem Mantel eingehüllt, auf einem breiten Wege, welcher neben dem Zaune bis an den unteren
Rand der Platte hervor geht, und fich dafelbft
faft über die ganze Breite des Stücks ausdehnt.
— Auf dem Vorgrunde zur Rechten ftehen
dicht neben einander zwey grofse Bäume,
deren Gipfel über den oberen Bord der Platte
reichen. In dem Hintergrunde zur Linken, über
den freyen Platz hinaus, fliefst ein breiter
Bach, deffen jenfeitiges Ufer mit Gebüfche
und Bäumen befetzet ift. Weiter zeigt fich
dort in der Ferne ziemlich flaches Land.

Unten aufser dem Rande, liest man zur
Linken: *Antonius Waterlo invetor et fecit*, und
zur Rechten fteht die Nummer 5.

Breite: 10 Zoll, 7 Lin. Höhe: 8 Zoll, 4 Lin.

118. *Der hinter dem Zaune liegende*
Schaflhirt.

6.) Auf einem mit Grafe, und hier und
da mit wilden Kräutern befetzten Platze ftehen
zur Rechten, auf dem Mittelgrunde, zwey
dicht an einander gewachfene grofse Bäume,

deren Gipfel bis an den oberen Bord der
Platte reichen. Hinter diesen, in einiger Entfernung, sieht man einen schlechten Zaun, welcher von dem rechten Borde links herüber bis
in die Mitte des Blattes sich zieht. Auf einem
Hügel, der von dem Platze, worauf die gros-
sen Bäume stehen, durch einen Graben ab-
gesondert ist, liegt hinter dem Zaune, und
nahe am Graben, auf der Erde ein Schafhirt, welcher zu schlafen scheint. Nicht weit
von ihm, etwas mehr zur Linken, weiden
einige Schafe. Über den Hügel hinaus ist in
der Ferne zur Linken ein Getreidefeld, das
bis auf ein kleines Stück schon geschnitten ist,
und auf dem man einige aufgestellte Garben
sieht. Es ist mit einer dichten Waldung begrenzt, welche aus Stamm - und Buschholze
besteht, und quer über das ganze Blatt, hinter dem Hügel und dem Zaune vorbey, bis
zu dem rechten Borde der Platte sich ausdehnt. Vorn zur Linken, erhebt sich ein hoher, aber dünnstämmiger Baum, neben welchem ein Weg aus dem Ackerfelde rechts
hervor, bis an die Mitte des unteren Randes
führt.

Unten aufser dem Rande liest man zur
Linken: *Antonius Waterlo inventor et fecit,*
und zur Rechten steht die Nummer 6.

Breite: 10 Zoll, 2 Lin. Höhe: 8 Zoll, 3 Lin.

Eine Folge von fechs Blättern.

119. *Die Mühle.*

1.) Auf diefem bey den Liebhabern unter dem Nahmen der Mühle bekannten Blatte, fieht man zur Rechten eine kleine, armfelige, mit Stroh gedeckte, rund herum mit
Bäumen umgebene Mühle. Der Theil des Ufers,
auf welchem fie fteht, ift gemauert, und an
demfelben ein Wafferrad angebracht. Zwey
ftarke Weidenbäume ftehen nahe bey einander vor der Mühle, und neben derfelben, dicht
am rechten Borde der Platte, erhebt fich auf
einem kleinen, mit Kräutern bewachfenen
Erdhügel ein Baum, der mit feinem Gipfel
bis an den oberen Rand der Platte reicht.
Der Mühlbach fliefst aus der Mitte rechts,
bis an die untere Ecke des Blattes hervor.
Das Ufer zur Linken ift, der Mühle gegen
über, ziemlich hoch, neigt fich aber gegen
den Vorgrund herab, und ift dafelbft mit wildem Grafe und mit Kräutern bedeckt. Oben
nahe am linken Borde der Platte, fteht ein
dickftämmiger, wenig belaubter Weidenbaum,
welcher einem aus Holz, in Form einer Kapelle, gemachten Altärchen, das oben auf deffen Stamme angebracht ift, zur Säule dient.
Neben diefem Baume geht eine Bäuerinn, mit
einem grofsen runden Hute auf dem Kopfe,

und zu ihrer Linken ein kleiner Junge, welcher einen Stab in der Hand hält. Über die Figuren hinaus sieht man in weiter Ferne, auf einem Hügel eine Windmühle, und daneben links einige Häuser mit Bäumen.
In der unteren Ecke zur Rechten, liest man: *A. Waterlo fecit.*

Höhe: 10 Zoll, 6 Lin. Breite: 8 Zoll, 6 Lin.

120. *Der in dem Bache trinkende Hund.*

2.) Die rechte Seite dieses Blattes ist durch ein dickes Gehölz ausgefüllt, deffen vordere Bäume mit ihren Gipfeln über den oberen Rand der Platte reichen. Daneben führt aus der Mitte des Blattes ein Weg an einen Bach, welcher vorn beynahe die ganze Breite des Blattes einnimmt. Zur Linken des Weges erhebt sich auf dem Mittelgrunde ein hoher Baum, deffen Krone mit den Äften des zur Rechten ihm gegen über ftehenden Gehölzes sich vermifcht: von diefem Baume zieht fich unten ein Gebüfch längs dem Wege, herwärts bis an den Bord der Platte. Ganz vorn zur Linken des Baches, fitzt auf dem Ufer ein Bauer, welcher fich die Füfse badet. Zu deffen Rechten fteht etwas rückwärts ein anderer, mit einem runden Hute, und auf einen Stock gelehnt, und zur Linken ift ein grofser Hund, welcher aus dem Bache trinkt. Über

dem Gebüfche links, zeigt fich in weiter Ferne
niederes Gebirge.

Oben in der Ecke zur Linken, liest man:
A. W. in et f.

Höhe: 10 Zoll, 7 Lin. Breite: 8 Zoll, 7 Lin.

121. *Das höckerichte Männchen.*

3.) Zur Linken diefes Blattes ift ein wal-
diges Gebirge, das zur Rechten eine fehr
fteile Wand hat. Auf demfelben erhebt fich
vorn, nahe am linken Borde der Platte, ein
dicker Baum, mit einem in der Höhe abgeftumpften Stamme. Am Fufse deffelben fieht
man Geftäude, abgebrochene, dürre Äfte
und wilde Kräuter. In weiterer Entfernung,
und mehr zur Rechten, ftehen hinter einander zwey hohe Bäume, deren Gipfel bis an
den oberen Rand der Platte reichen. Zwifchen diefen und jenem führt ein Weg tiefer
in den Wald hinein. Noch weiter hinaus,
und noch mehr gegen die rechte Seite, ganz
am Rande der fteilen Wand, zeigt fich eine
Gruppe von fieben bis acht Bäumen. Die
zwey Öffnungen zwifchen diefen drey verfchiedenen Partien von Bäumen, find im Hintergrunde quer her durch eine dichte Waldung begrenzt, vor welcher man in einer
Vertiefung, eine Figur mit einem Stabe auf
der Schulter rechts hin gehen fieht. An der

steilen Wand des Gebirges fliefst in der Tiefe ein Bach hervor, welcher fich links her-
über zieht, und vorn am unteren Rande der
Platte fich ausbreitet. Von dem diefseitigen
Ufer fieht man nur ein kleines, mit zwey Stauden befetztes Stück Erdreich, welches zur
Rechten den Vorgrund ausmacht. Über diefen gerade hinüber, erhebt fich ein Stück Land,
von welchem ein fehr kurzer Steg zu jenem
Theile des waldigen Gebirges führt, wo der
Weg in den tieferen Wald hinein angedeutet
ist. Auf dem Stege geht ein höckerichter
Mann gegen den Wald. Er hat einen runden
Hut auf dem Kopfe, und ist in einem kurzen Mantel eingehüllt. Ihm folgt ein kleiner
Junge, der einen Pack unter dem Arme trägt,
und vor ihm läuft ein Hund. Gerade unter
dem Stege hat der Bach einen kleinen Wafferfall. Der Hintergrund zur Rechten zeigt
ein mit Gebüfchen hin und wieder durch-
fchnittenes Land, das fich in die weitefte Ferne hinaus zieht.

Unten in der Mitte, liest man : *A. W.*
inventor et fecit.

Höhe: 10 Zoll, 7 Lin. Breite: 8 Zoll, 7 Lin.

122. *Die Mutter mit den drey*
Kindern.

4.) Auf diefem Blatte ist ein Weg neben
einem Dorfe vorgestellt. Das Dorf steht auf

dem Mittelgrunde, dehnet fich gegen den
Hintergrund, und breitet fich von dem linken
Borde rechts her, bis über drey Viertel der
Platte aus. Längs demfelben ift ein niederer
Zaun gezogen, innerhalb welchem vieles Ge-
hölz von verfchiedener Art und Gröfse zu
fehen ift. Darunter zeichnen fich zur Rechten, am Ende des Dorfes, zwey Bäume aus,
welche hoch über alle anderen hervor ragen,
und zwifchen denen ein Weidenbaum fteht.
Hinter diefer Gruppe, erhebt fich über das
Geftäude der Vordertheil eines Haufes. Nahe bey dem linken Borde der Platte, ift an
dem Zaune ein Sperrbaum, an welchem zwey
mit einander fprechende Bauern, von |der
Rückfeite zu fehen find. Nahe am rechten
Borde der Platte, gegen den Hintergrund, zeiget fich ein zweyter Sperrbaum, durch welchen ein Weg gerade auf den Vorgrund führt,
wo er faft die ganze Breite des Blattes einnimmt. Zur Rechten diefes Weges, fitzt ganz
vorn eine Weibsperfon auf der Erde. Sie kehrt
den Rücken, und hat hinter ihr einen Bündel,
und darauf einen Stab liegen. Zu ihrer linken
Seite ift ein Tragkorb mit einem Kinde ; zu
ihrer Rechten fitzt ein kleiner Junge, und noch
ein anderer ift vor ihr, und fchaut in die
Schürze, welche fie an den Enden ein wenig in die Höhe hält. Im Hintergrunde fieht
man über dem Sperrbaum, niedriges aber
dichtes Gebüfche, das quer her fteht; und

in weiter Ferne wird man ein Haus auf einer kleinen Anhöhe gewahr.

In der unteren Ecke zur Rechten, liest man die Buchftaben *A. W. f.*

Höhe: 1 o Zoll, 7 Lin. Breite: 8 Zoll, 8 Lin,

123. *Die zwey im Walde ruhenden Wanderer.*

5.) Gegen den Mittelgrund erhebt fich auf einer kleinen Erhöhung, ganz nahe am rechten Borde der Platte, ein grofser Baum, deffen Krone weit über den oberen Rand hinaus reicht. Ein anderer eben fo hoher fteht, etwas mehr zur Linken, dem erfteren gegen über. Zwifchen beyden ift ein Weg, welcher aus einem Thale des Hintergrundes herauf, und, von diefen zwey Bäumen an, in fanfter Neigung bis an den Vorgrund, gegen die untere Ecke, rechts fich herab zieht. Zur Linken bis zu dem Borde der Platte, ftehet längs dem Wege, dicht beyfammen hohes und niederes Gehölz, und vor demfelben fieht man einen läffig auf die Erde hingelehnten Mann, welcher mit einem anderen, der neben ihm fitzt, im Gefpräche begriffen ift. Zur linken Seite des letzteren liegt ein Hut, ein Korb, und auf diefem, unter dem Henkel, ein Stab. Zwifchen den zwey grosfen Bäumen kommt, in einem Mantel ein-

gehüllt, ein Reiter aus dem Thale herauf;
daher man das Pferd nur bis auf die Bruſt
ſieht. Vor ihm gehen zwey zuſammen gekop-
pelte Jagdhunde. In der Ferne ſieht man Gebirge. Oben in der Ecke links, liest man : *A.*
W. f.

Höhe: 10 Zoll, 6 Lin. Breite: 8 Zoll, 7 Lin.

124. *Der Steg über den Bach.*

6.) Dieſe Landſchaft ſtellt die Gegend
an einem Bache vor, deſſen Ufer allenthalben mit Gebüſch und Bäumen beſchattet find.
Er flieſst, mitten im Blatte, in einem engen
Bette, aus dem Hintergrunde hervor, gies-
ſet ſich links und rechts aus, und nimmt
vorn die ganze Breite ein. Da, wo das Bett
am engſten iſt, führt ein ſchmahler Steg von
einem Ufer zu dem andern. Die Querſeite
des Ufers zur Rechten iſt bis an den Bach
hin mit dichtem Gehölze beſetzt. Darunter
zeichnet ſich ein kurz und krumm gewach-
ſener Baum aus, der von der Wurzel an in
zwey Hauptſtämme getheilt, und nur wenig
belaubt iſt. Hinter dieſem erheben ſich drey
neben einander ſtehende hohe Bäume, deren
Gipfel beynahe den oberen Rand der Platte
erreichen. Zwey andere, ebenfalls hohe und
ſchlanke Bäume ragen, am Ufer zur Linken,

über das niedrige, aber dicke Gebüfch hervor. Der eine fteht bey dem Anfange des Steges, der andere am Rande des Baches. Am linken Borde der Platte fieht man, über ein quer ftehendes Gebüfch, in der Ferne eine Kirche mit einem fpitzigen Thurme. In der unteren Ecke zur Linken, liest man im Wafler die Buchftaben: *A. W.* und etwas mehr gegen die Mitte: *fe.*

Höhe: 10 Zoll, 6 Lin. Breite: 8 Zoll, 8 Lin.

Eine Folge von fechs Landfchaften mit Gegenftänden aus der Mythologie.

125. *Alpheus und Arethufa.*

1.) Drey fehr hohe Bäume, welche in gleich weiten Zwifchenräumen, einer hinter dem andern ftehen, und deren Gipfel bis an den oberen Rand der Platte reichen, erheben fich rechts auf dem Vorgrunde, dem diesfeitigen Ufer des Flufles Alpheus, welcher aus der Mitte des Plattes fchief hervor, gegen die linke Seite fich zieht. Das jenfeitige Ufer zur Linken ift bis in das Wafler hinein, mit hohem und niedrigem Gehölze dick befetzt. Mitten aus dem Wafler, fieht man den Gott des Flufles mit dem Oberleibe hervor ragen, und feine beyden Arme nach Arethufen ausftrecken, und diefe ganz ent-

kleidet, auf dem Ufer zur Rechten vor ihm
'fliehen. Sie zeigt den Rücken, scheint mit
ihrem etwas gewandten und gegen den Him-
mel gerichteten Kopfe und rechten Arme, die
Göttinn Diana um Schutz anzuflehen.
Oben zur Linken, liest man: *Antoni Waterlo in. et f.* und daneben in der Ecke, die
Nummer 1.

Höhe: 10 Zoll, 7 Lin. Breite: 8 Zoll, 9 Lin.

126. *Apollo und Daphne.*

2.) In dieser waldigen Landschaft sieht
man einen breiten Weg, welcher zur Linken aus dem Mittelgrunde, gegen die rechte
Seite, bis an den unteren Bord der Platte
hervor geht. Das Erdreich neben dem Wege
zur Rechten, ist voll kleiner Hügeln. Auf
einem derselben, ganz vorn, steht ein dicker,
oben abgestumpfter Baum mit wenig Ästen.
Auf einem anderen, in weiterer Entfernung,
erheben sich mitten im Blatte, zwey schlan-
ke Bäume, welche quer her neben einander
stehen, und mit ihren Gipfeln beynahe den
oberen Bord der Platte. erreichen. Neben
diesen, zur Linken, sieht man den Gott
Apollo, mit einem Bogen in der Hand, aus
einer Vertiefung herauf eilen. Daphne, die
sich ängstlich nach ihm umsieht, läuft auf
dem Wege, in der Mitte des Blattes, vor

ihm her. Die Vertiefung fcheint hinter dem
Stamm - und Bufchholze , welches daraus
hervor wächft, fich quer herüber gegen die
rechte Seite zu ziehen, längs dem Fufse eines hohen Berges, der oben mit Waldung
befetzet ift, und in der Mitte des Blattes fich
gegen die linke Seite abwärts neigt, wo fich
die Ausficht in ein weites gebirgiges Land
eröffnet.

Unten zur Rechten, auf einem bey dem
abgeftumpften Baume liegenden Steine, liest
man die Buchftaben: A. W. F. auch oben
zur Linken: *Antoni Waterlo in. et f.* und daneben in der Ecke, die Nummer 2.

Höhe : 10 Zoll , 8 Lin. Breite : 8 Zoll , 11 Lin.

127. *Mercur und Argus.*

3.) Man fieht auf diefem Blatte , ganz
vorn zur Rechten, einen Theil des Myceni-
fchen Waldes, welcher fich bis in die Mitte
des Blattes verbreitet. Längs demfelben führt
aus dem Hintergrunde ein Weg in fchiefer
Richtung, bis an die untere rechte Ecke hervor. Neben dem Wege zur Linken , ift ein
niedriger Vorgrund mit mehreren Hügeln.
Weiter hinaus , auf dem Mittelgrunde, erhebt fich ein höherer, der unten quer her mit
Gebüfche befetzet ift. Oben auf demfelben,
ganz am Borde der Platte , wird man ein

kleines Haus gewahr, das mit mehreren hohen Bäumen umgeben ift, und neben welchem ein Weg herwärts, gegen das unten herum ftehende Gebüfch führt. In der weiteften Ferne zeigt fich ein Gebirge. Neben dem Wege zur Rechten, ganz vorn, fteht Mércur, welcher, an einem Erdhügel gelehnt, auf der Flaute fpielt. Nahe bey ihm, fitzt auf einer Erhöhung Argus, welcher vorwärts gebeugt ift, und zu fchlummern fcheint. Neben ihm liegt fein Hirtenftab. Io, in Geftalt einer Kuh, fteht hinter dem Argus, in einer kleinen Vertiefung. Ihr gegen den Mercur gewandter Kopf fcheint das Verlangen auszudrücken, bald durch ihn befreyet zu werden.

Oben zur Linken, liest man: *A. W. in. et f.* und daneben in der Ecke, die Nummer 3.

Höhe: 10 Zoll, 2 Lin. Breite: 8 Zoll, 11 Lin.

128. *Pan und Syrinx.*

4.) Auf diefem Blatte zeigt fich ein Theil des Fluffes Ladon, der von der linken Seite rechts her fliefst, und am Vorgrunde die ganze Breite der Platte einnimmt. Das jenfeitige Ufer ift bis an das Waffer hin, mit Bäumen, Stauden, Kräutern und Schilf dicht bewachfen, und geftattet nur zur rechten Seite des Blattes, die Ausficht in ein gebirgiges Land,

das fich in die weite Ferne hinaus zieht.
Zur Linken, ganz vorn, erhebt fich aus
dem Waffer ein fehr grofser Baum, deffen
Krone beynahe den ganzen oberen Theil der
Platte einnimmt, und faft bis an den oberen
Rand reicht. Bey diefem Baume fieht man die
Nymphe Syrinx, welche fliehend vorgeftellt
ift. Ihre in die Höhe gehobenen Arme, der
zum Schreyen geöffnete Mund, und der fchüch-
tern nach ihrem Verfolger zurück gekehrte
Blick zeigen an, dafs fie die andern Nymphen
eben um Hülfe anruft. Das Schilf, in welches
fie verwandelt wurde, fteht rund herum an
dem Stamme des grofsen Baumes. Pan, welcher die Nymphe verfolgt, ift in der Mitte des
Blattes, im Waffer laufend und mit ausge-
ftreckten Armen vorgeftellt.

Oben zur Linken. liest man: *A. W. in et f.*,
und daneben in der Ecke, die Nummer 4. Unten zur Rechten im Waffer, kommen die Buchftaben A. W. F. noch ein Mahl vor.

Höhe: 10 Zoll, 7 Lin. Breite: 8 Zoll, 11 Lin.

129. *Venus und Adonis.*

5.) Man fieht auf diefem Blatte einen Berg,
deffen fanfter Abhang, von der linken Seite gegen die rechte fich zieht, und von der Höhe
herab bis zur Mitte der Platte, mit einer dichten Waldung, welche fich rechts her bis über
die Hälfte der Platte verbreitet, befetzt ift.

K

Längs der Waldung zeigt fich ein Weg, der fich aus dem Mittelgrunde herwärts, zu einem auf dem Vorgrunde zur Linken befindlichen kleinen Waffer führt. Am Ufer zur Rechten, ftehen drey hohe Bäume, einer hinter dem andern. Auf eben diefer Seite ganz vorn und gegen den Bord, fitzt auf einer Erhöhung Adonis, welcher mit der linken Hand einen Spiefs hält, und mit dem rechten Arme die Göttinn Venus umfafst, die auf der Erde liegend, und in feinem Schoofs hingeftreckt, ihn zärtlich anblickt. Vor ihnen, ein wenig linker Seits, fieht man den Amor, welcher einen laufenden Jagdhund mit der Koppelfchnur zurück hält, und fich nach den zwey Liebenden umfieht. Hinter der Erhöhung, worauf Adonis fitzt, fteht ein anderer Jagdhund; und ein dritter ruht auf der Erde neben Adonis, wo auch Amors Bogen und Köcher liegen. Über die Figuren hinaus, zeigt fich ein Flufs, welcher feinen Lauf aus der Mitte des Blattes, gegen die rechte Seite herwärts nimmt. Auf dem jenfeitigen Ufer unterfcheidet man zwey kleine Hügel, zwifchen denen Waldung zu fehen ift. In der weiteften Ferne zeigt fich querher Gebirge.

Oben zur Linken, liest man: *A. W. in. et f.* und daneben in der Ecke, die Nummer 5.

Höhe: 1 o Zoll, 8 Lin. Breite: 8 Zoll, 11 Lin.

130. *Der Tod des Adonis.*

6.) Diefes Blatt, das Gegenftück zu dem vorher gehenden, hat auch mit demfelben in Anlehung der Haupttheile viele Äholichkeit. Man fieht am Vorgrunde, ein wenig zur Rehten, zwey dicht hinter einander ftehende Bäume „welche mit ihren Gipfeln bis an den oberen Rand der Platte hinauf reichen. Das Erdreich hinter diefen zwey Bäumen, zieht fich von der Mitte des Blattes, in fanft zunehmender Erhöhung, gegen die rechte Seite aufwärts, tiefer in den Wald hinein. Längs diefem Abhange fteht quer her dichtes Gehölz, das vom rechten Borde der Platte links hin, bis mehr als über die Hälfte des Stücks fich ausdehot. Im Hintergrunde zur Linken, zeigt fich ebenfalls Waldung, welche fich gegen die Mitte des Blattes, in die Ferne hinaus erftreckt, und mit einem gerade fortlaufenden Zaune eingefangen ift. Hinter derfelben wird man ein Gebirge gewahr. Der todte Adonis liegt in der Mitte des Blattes, nahe bey den zwey grofsen Bäumen, auf der Erde hingeftreckt. Zu feiner Rechten liegt der Spiefs, und zur Linken fitzt ein heulender Jagdhund. Der flüchtige Eber, welcher den Adonis getödtet hat, und zwey Hunde, die das Thier verfolgen, find auf dem Hügel rechter Seits zu fehen.

148

Oben zur Linken, liest man: *A. W. in. et f*
und daneben in der Ecke, die Nummer 6.

Höhe: 1 o Zoll, 8 Lin. Breite: 8 Zoll, 1 1 Lin.

Eine Folge von fechs Landfchaften,
mit Gegenfländen aus der Gefchichte des
alten Teftaments.

131. *Agars Auswanderung in die
Wüfle.*

1.) Der Vorgrund zur Linken des Blattes zeigt einen kleinen Erdhügel mit einer
Gruppe von drey wild gewachfenen Bäumen,
deren obere Äfte rechts hin, bis mehr als
über die Hälfte der Platte fich ausdehnen.
Hinter dem Hügel kommt ein Weg rechts
hervor, welcher beynahe die ganze untere
Breite des Blattes einnimmt. Auf demfelben
fieht man Abraham, welcher feine Magd
Agar und ihren Sohn Ifmael begleitet. Sie
trägt unter dem rechten Arme einen Pack,
und hat an der Hand einen kleinen Krug hangen; in der andern hält fie ein Tuch, womit
fie die Thränen abtrocknet. Zu ihrer Linken
geht Abraham, welcher mit ihr fpricht, und
mit der linken Hand vor fich hin, auf den Weg
deutet. Der kleine Ifmael, welcher in der linken Hand einen Bogen hält, läuft vor ihnen

her. Ein Hund folgt in vollem Laufe nach.
Jenfeit des Weges erhebt fich ein kleiner Hügel mit einem Gehölze, das vom rechten Borde links hin, bis in die Mitte der Platte fich zieht,
und mit einem Zaune umgeben ift. Der Hintergrund zeigt einen Flufs, der zur Linken
aus der Ferne hervor kommt, und hinter dem
waldigen Hügel herbey fliefst. Über den Flufs
hinaus ift die Anficht eines gebirgigen Landes
mit Gebüfchen und Dörfern.

Unten zur Rechten, dicht am Borde der
Platte, liest man die Buchftaben: *A W. f. in.*

Höhe: 10 Zoll, 9 Lin. Breite: 9 Zoll, 2 Lin.

132. *Agar vom Engel geträſtet.*

2.) Diefe Landfchaft ftellet einen hellen
Wald vor, welcher von der linken Seite rechts
her, bis über zwey Drittel der Platte fich erftreckt. Der fehr höckerige Vorgrund ift quer
über das ganze Blatt mit verfchiedenen Kräutern und wildem Grafe bedeckt; auch fieht
man zur Linken ein kleines mit etwas Rohr
umgebenes Waffer. Daneben fteht ein dicker
Baum, an deffen Stamme mehrere Äfte wild
hervor wachfen: die Krone desfelben, welche
links über den Bord hinaus reicht, ift nicht zu
fehen. In einiger Entfernung hebt fich ein anderer fehr grofser Baum, etwas mehr zur Rechten, faft bis zu dem obern Rande der Platte

empor. Noch mehr zur Rechten, und weiter
gegen den Hintergrund zu, steht eine Gruppe
von sechs Bäumen, deren Kronen in einander
durchflochten sind. Hinter denselben zeigt sich
ein Hügel, der links sich sanft hinauf zieht,
und rückwärts, quer her mit dichtem Gehölze
beschränket ist. Die schmahle Öffnung zur Rechten ist ebenfalls quer her mit einem schattigen
Gebüsche begrenzt, welches mit dem hinter
dem Hügel befindlichen Gehölze in Verbindung
zu stehen scheint, und worüber hinaus man
ein Gebirge in der gröfsten Ferne gewahr wird.
Zwischen dem mittleren, einzeln stehenden
Baume, und der Gruppe von sechs Bäumen,
liegt neben einer Staude der vor Durst halb
verschmachtete Ismael auf der Erde hinge-
streckt. Seine Mutter Agar sitzt gegen den Vorgrund, dicht am rechten Borde der Platte,
auf einem kleinen kahlen Erdhügel. Ihre Stel-
lung zeigt den Kummer an, von welchem sie
durchdrungen ist: sie stützt ihr Haupt auf die
rechte Hand, und hört den vor ihr stehenden
Engel an, der ihr das am Vorgrunde zur Linken befindliche Waſſer zeigt, und zu sagen
scheint: *Was thust du, Agar? fürchte dich nicht;*
denn Gott hat die Stimme des Knaben erhöret,
von dem Orte, da er ist. Gen. 21. 12.
    Unter dem Hügel, worauf Agar sitzt,
liest man: *A. W. f. et in.*

Höhe: 10 Zoll, 9 Lin. Breite: 9 Zoll, 1 Lin.

133. Der Prophet aus Juda.

3.) Der niedere Vorgrund zur Linken diefes Blattes dehnt fich rechts herüber bis in die
Mitte aus, und befteht aus mancherley zum
Theil grofsblätterigen Pflanzen, unter welchen ein Stück eines abgehauenen Stammes,
liegt. Auf dem zweyten Plane, ganz in der Mitte des Bildes, ftehen auf einem kleinen Erdhügel, dicht neben einander, zwey ziemlich
fchlanke Bäume, deren Gipfel bis gegen den
oberen Bord der Platte reichen. Zwifchen diefen und den gegen über zur Rechten, am Vorgrunde befindlichen wilden Kräutern und Stauden, führt gegen den Hintergrund ein Weg,
der mehrere Vertiefungen hat, und zur Linken mit Stamm- und Bufchholz befetzt ift. Mitten auf demfelben, nicht fern von den zwey
hohen Bäumen, liegt der Prophet aus Juda,
welcher wegen Übertretung der Befehle Gottes von einem Löwen getödtet wurde, (fiehe
das III. Buch der Könige, 13. Kap.) auf der
Erde hingeftreckt, und neben ihm fitzt der
Löwe. Den Efel, auf welchem der Prophet
geritten war, fieht man weiter hinaus, in einer der Vertiefungen des Weges. Zur Linken,
hinter dem Hügel mit den zwey fchlanken
Bäumen, ift quer herüber das fchmahle Ufer
eines kleinen Fluffes, welcher fich gegen den
Hintergrund hinaus fchlängelt. Deffen jenfeiti-

ges Ufer ift mit Gruppen von Bäumen befetzt.
In der gröfsten Ferne, über den Flufs hinaus,
zeigt fich die am Fufse eines Gebirges gelegene Stadt Bethel.

Unten zur Rechten, nahe am Rande der
Platte, liest man: *A. W. f. in.*

Höhe: 10 Zoll, 9 Lin. Breite: 9 Zoll, 3 Lin.

134. *Der junge Tobias und der Engel.*

4) Diefes Blatt gehört unter die fchönften
Stücke, welche Waterlo gelieferthat. Aufdem
fehr niedrigen Vorgrunde, welcher von der
rechten Seite, bis über die Mitte des Blattes
fich hinüber zieht, erhebt fich ein etwas fchief
gewachfener Baum, deffen Gipfel beynahe den
oberen Rand der Platte erreicht. Nächft demfelben ftehen neben einander, zwey fchlank
und hoch gewachfene junge Bäume, deren
Stämme fich kreutzen. Hinter der Gruppe diefer drey Bäume zeigt fich ein breiter Hügel,
welcher gegen den Mittelgrund fanft hinan,
dann aber in ein Thal jäh fich hinab zieht,
und fich von der rechten Seite links her, bis
etwas mehr als über die Mitte der Platte ausbreitet. Hier hat er einen felfigen Abfchufs,
neben welchem ein aus dem Hintergrunde flies-
fender wilder Bach, über grofse Steine in ein
Becken herab ftürzt, das rechter Seits durch.

den Vorgrund und den Hügel, linker Seits aber
durch Felfen begrenzt ift. Diefe erheben fich
in zwey neben einander ftehenden Maffen,
haben fteile Wände, und find oben mit Bäumen und Stauden wild bewachfen. Am Abhange des breiten Hügels, gegen das Thal zur
Rechten, fieht man den Engel Raphael und
den jungen Tobias. Sie wenden den Rücken,
indem fie ihren Weg abwärts gehen. Tobias
trägt mit der linken Hand den Fifch. Der Engel hat in der Rechten einen Stab, und weist
mit der Linken in die Ferne hinaus. Vor ihnen
läuft ein Hund. Der Hintergrund zeigt ein weites, in mehrere Gründe getheiltes Land, das
quer her durch den Berg Ecbatanes, an deffen Fufs man der Meder Stadt Rages fieht,
begrenzet ift.

Unten zur Linken, nahe am Borde der Platte, liest man: *A W. f. et in.*

Höhe: 10 Zoll, 9 Lin. Breite: 9 Zoll, 2 Lin.

135. Der Engel, welcher dem Mofes be-
fiehlt, feinen Sohn zu befchneiden.

5.) Diefes Blatt ftellet den Ort vor, wo
Gott dem Mofes, auf der Reife nach Ägypten,
drohend erfchien. Auf dem Mittelgrunde zur
Linken, fieht man einen hier und da mit Geftäude bewachfenen Felfen, worauf ein Haus fteht,
und an deffen oberem Rande fich ein grofser

Baum erhebet, an welchem die Wurzeln zum
Theil entblöfst find. Auf dem Mittelgrunde zur
Rechten, zeigt fich auf einer Erhöhung ein Theil
einer Herberge. Sie ift mit einem Zaune umgeben, und an der Wand des Haufes ragt
oben ein Pfahl mit einem Kranze, als Schank-
zeichen, hervor. Auf eben diefer Seite, etwas
tiefer hinein gegen den Hintergrund, ift ein
Aufgang, der fich mit einigen Stufen endiget, zu einer kleinen gemauerten Brücke, die
quer hinüber zu dem auf dem Felfen liegenden
Haufe führt. Den Aufgang hinan geht ein
Mann, welcher den Rücken zeigt, und in
der rechten Hand, einen Krug trägt. Durch
den ziemlich grofsen Bogen der Brücke, über
deren Geländer eine Figur herab fchaut,
fieht man in der Ferne das mit einigen Bäumen befetzte Ufer eines Baches, welcher unter der Brücke über ein etwas verfallenes
Wehr heraus fliefst, längs dem Felfen vorbey läuft, und bis an die untere Ecke zur
Linken fich ergiefst. Am Vorgrunde zur Rechten, nahe bey dem Eingange zur Herberge,
fteht Mofes mit der Ruthe Gottes in der
Hand. Der Engel des Herrn fafst ihn am rechten Arme, und droht ihm den Tod mit einem
Schwerte, das er neben fich hält. Zu des Mofes Linken kniet Sephora auf der Erde, und
verrichtet in der Eile die Befchneidung an
ihrem Sohne, welcher vor ihr auf einem
grofsen flachen Steine ausgeftreckt liegt. Rück-

wärts, und ganz am rechten Borde der Platte, steht ein Esel, von welchem man nur den
Vordertheil sieht. Neben dem Engel ist ein Hund,
welcher ihn anbellt.

Unten zur Rechten, liest man : *A. W.*
f. et in.

Höhe : 1 o Zoll , 1 o Lin. Breite : 9′ Zoll, 3 Lin.

136. Elias in der Wüste.

6.) Auf diesem Blatte sieht man den
Strohm Carith, welcher zur Linken aus dem
Hintergrunde, in schiefer Richtung hervor, bis
an die untere Ecke zur Rechten fliefst. Auf
dem diesseitigen Ufer, welches sehr uneben,
und mit wilden Pflanzen bewachsen ist, erhebt
sich ganz am Vorgrunde zur Linken, ein hoher Baum, dessen Stamm sich in zwey Haupt-
äste theilet, und etwas rückwärts stehen zwey
andere eben so hohe Bäume beysammen. Unter diesen drey Bäumen sitzt Elias auf der Erde. Er ist vom Rücken zu sehen, stützt sich
auf den linken Arm, und streckt die rechte
Hand mit Verlangen nach der Speise aus, die
ein über den Strom gegen ihn herab fliegen-
der Rabe bringt. Ein zweyter Rabe, ebenfalls mit Speise in dem Schnabel, ist oben zur
Rechten in der Luft zu sehen. Aus einer auf
dem entgegen gesetzten Ufer des Stromes,
gegen die Mitte des Blattes, befindlichen Ver-

tiefung fliefst der Jordan hervor, und vereiniget fich mit dem Strome. Dort liegt ein
wenig hervor und in die Quere, eine Reihe
grofser Steine, zwifchen, denen das Waffer
durchdringet. Das ganze jenfeitige Ufer ift
bis an den Strom hin mit Gebüfche, aus welchem auch einige hohe Bäume hervor ragen,
dick bewachfen. Hinter dem Gehölze entdeckt man in der Ferne ein Gebirge, das von
der linken Seite gegen die rechte fanft hinan fteigt, und am Gipfel mit Waldung befetzt ift.

Oben in der Ecke zur Linken, liest man:
A. W. f. et in.

Höhe: 10 Zoll, 10 Lin. Breite: 9 Zoll, 2 Lin·

/

REGISTER.

QUERBLÄTTER.

3 Zoll. 7 - 9 Lin. breit, und
3 Zoll, bis 3 Zoll, 3 Lin. hoch.

1. Die zwey Bauern in der Allee.
2. Das verfallene Mauerwerk.

4 Zoll, 4 - 5 Lin. breit, und
3 Zoll, 9 - 10 Lin. hoch.

3. Die Öffnung durch den Felfen.
4. Die Einfiedeley.
5. Der kleine Wafferfall.
6. Der krumme Steg zum Felfenloch.

5 Zoll, bis 5 Zoll, 1 - 2 Lin. breit, und
3 Zoll, 3 - 5 Lin. hoch.

7. Die Rückkehr des Fifchers.
8. Die Ankunft der Reifenden bey der Dorffchenke.
9. Der Ziehbrunn.
10. Das Dörfchen mit der Waffermühle.
11. Die Dorfkirche.
12. Der viereckige Thurm am Waffer.

13. Die drey Angeler auf der kleinen Brücke.
14. Die vier Bauern auf dem Erdhügel.
15. Die Landkutfche auf dem Wege nach Scheve-
    lingen.
16. Die Treppe in das Waller.
17. Der Widder, das Schaf und der Bock.
18. Die zwey fpitzigen Thürme.

     5 *Zoll*, 4 - 8 *Lin.* *breit*, *und*
     3 *Zoll*, 1 - 5 *Lin.* *hoch.*

19. Der Aufgang in den Wald.
20. Das Mühlwehr.

     5 *Zoll*, 2 - 5 *Lin.* *breit*, *und*
     3 *Zoll*, 4 - 7 *Lin.* *hoch.*

21. Das Geländer an den vier Bäumen.
22. Der Kirchhof am Waller.
23. Das Bauernhaus auf der Anhöhe.
24. Der fpitzige Kirchthurm im Dorfe am Meere.
25. Die zwey von Haufe abfahrenden Fifcher.
26. Die zwey Kühe auf der Fähre.
27. Der Wanderer bey den zwey Bäumen.
28. Die Herden und der Reiter auf der Brücke.
29. Das armfelige Dorf.
30. Die drey Bauern auf dem Hügel aufser dem
    Dorfe.
31. Das Schilderhaus an der Stadtmauer.
32. Die vier Männer auf der fteinernen Brücke.

5 Zoll, 1 - 3 Lin. breit, und
4 Zoll, bis 4 Zoll, 1 - 3 Lin. hoch.

33. Die zwey Wanderer im Walde.
34. Das Weib auf dem Stege.
35. Die Schafherde im Waſſer.
36. Die zwey Jungen mit ihrem Hunde am Waſſer.
37. Die zwey Hirten unter dem Baume.
38. Der Baum auf der Mitte des Vorgrundes.
39. Der Mondſchein und die Strohhütte.
40. Die helle Nacht.

5 Zoll, 9 - 11 Lin. breit, und
3 Zoll 11 Lin. bis 4 Zoll, 1 - 2 Lin. hoch.

41. Der Bauer und das Weib an der Eiche.
42. Der Mann mit dem Hunde am Erdhügel.
43. Der Mann im Mantel mit dem Hunde.
44. Das Haus und die Zaunthür im Schatten der
    Bäume.
45. Der Steg zwiſchen den Felſen.
46. Die zwey Wanderer im Geſpräche am Hügel.

5 Zoll, 5 - 6 Lin. breit, und
4 Zoll, 7 - 8 Lin. hoch.

47. Die zwey Waldbrüder.
48. Der Eſeltreiber.
49. Der am Wege ſchlafende Bauernjunge.
50. Der Bach mit dem felſigen Ufer.
51. Die Kapelle mit der Stiege.
52. Die breterne Brücke.

5 Zoll, bis 5 Zoll, 1 - 5 Lin. breit, und
4 Zoll, 2 - 10 Lin. hoch.

53. Der Wanderer neben dem Gehölze.

54. Das Haus am waldigen Ufer des Baches.

55. Der Eingang in den umzäunten Wald.

56. Die zwey Männer am Geländer.

57. Das waldige Ufer.

58. Der fchief gewachfene Baum.

59. Der Mann und das Weib bey dem Stege.

60. Der Wanderer mit feinem Hunde.

61. Die vier Jungen und die Hunde.

62. Die Allee im Walde.

63. Die zwey Reiter.

64. Die beyden Jungen und der bellende Hund.

65. Der Laftträger.

66. Der Weg neben der grofsen Eiche.

67. Die zwey Alleen.

68. Die drey Bäume auf der Anhöhe am Wege.

69. Der Bauer auf dem breiten Wege.

70. Das Weib mit den Milchtöpfen auf dem Kopf.

6, Zoll, 2 - 3 Lin. breit, und
4 Zoll, 2 - 3 Lin. hoch.

71. Der zweyfache Wafferfall.

72. Der dreyfache Wafferfall.

73. Der kahle Felfen.

74. Das öde Felfengebirge.

75. Der grofse Wafferfall.

76. Die zwey Bauernhütten am Fufse des hohen
Berges.

5 *Zoll, 6 - 10 Lin. breit, und*
4 *Zoll, 6 - 11 Lin. hoch.*

77. Das Kuppeldach und der Wafferfall.
78. Der Steg vom hohen zum niederen Felfen.
79. Die Mutter mit den drey Kindern.
80. Die Treiber im Walde.
81. Der Schafhirt auf der kleinen Brücke.
82. Der Kühhirt und die Waffermühle.

6 *Zoll, 1 - 5 Lin. breit, und*
5 *Zoll, bis 5 Zoll, 1 Lin. hoch.*

83. Die Gruppe von vier Bäumen.
84. Der Änten - Jäger.
85. Der Hafen - Jäger.
86. Die Abenddämmerung im Walde.
87. Die badenden Jungen.
88. Die im Walde ruhende Familie.

Zoll, 7 - 9 Lin. breit, und
4. *Zoll, 4 - 6 Lin. hoch.*

89. Der doppelte Weg zu dem Bache.
90. Anficht einer holländifchen Stadt.
91. Das Dorf am Canale.
92. Das Dorf auf der Anhöhe.
93. Das Dorf im Thale.
94. Die Waffermühle am Fufse des Berges.

L

7 Zoll, 6-9 Lin. breit, und

5 Zoll, 5-9 Lin. hoch.

95. Der Platz vor dem Hausgarten.
96. Die Stadt mit den verfallenen Gebäuden.
97. Der niedere Steg neben der fteinernen Brücke.
98. Die ruhenden Wandersleute an der Strafse.
99. Die Waldallee auf der Anhöhe.
100. Das Thor.
101. Die zwey fteinernen Brücken.
102. Die Herde an der fteinerhen Brücke.
103. Die Waffermühle im Walde.
104. Der Falkner, der Jägerjunge und die zwey Windhunde.
105. Die zwey ruhenden Jäger.
106. Die Waldfpitze und das Dorf auf der Anhöhe.

10 Zoll, 4-6 Lin. breit, und

7 Zoll, 11 Lin. bis 8 Zoll, 2 Lin. hoch.

107. Der Eingang in den Wald über den Steg.
108. Die jungen Holzfchläge.
109. Der Mann und das Weib im Bache.
110. Der Bauer mit der Schaufel.
111. Der in dem Walde ruhende Wanderer.
112. Die zwey Männer in der Vertiefung.

10 Zoll, 2-8 Lin. breit, und

8 Zoll, 3-5 Lin. hoch.

113. Der grofse Lindenbaum vor der Schenke.
114. Das Weib und das Mädchen auf dem Stege.
115. Der Weg durch den Wald.

116. Der Bauernhof am Waſſer.
117. Der Reiter neben dem Zaune.
118. Der hinter dem Zaune liegende Schafhirt.

VERHÖHTE BLÄTTER.

10 Zoll, 6 - 7 Lin. hoch, und
8 Zoll, 6 - 8 Lin. breit.

119. Die Mühle.
120. Der in dem Bache trinkende Hund.
121. Das höckerichte Männchen.
122. Die Mutter mit den drey Kindern.
123. Die zwey im Walde ruhenden Wanderer.
124. Der Steg über den Bach.

10 Zoll, 7 - 8 Lin. hoch, und
8 Zoll, 9 - 11 Lin. breit.

125. Alpheus und Arethuſa.
126. Apollo und Daphne.
127. Mercur und Argus.
128. Pan und Syrinx.
129. Venus und Adonis.
130. Der Tod des Adonis.

10 Zoll, 9 - 10 Lin. hoch, und
9 Zoll. 1 - 3 Lin. breit.

131. Agars Auswanderung in die Wüſte.
132. Agar vom Engel getröſtet.

133. Der Prophet aus Juda.

134. Der junge Tobias und der Engel.

135. Der Engel, welcher dem Mofes befiehlt, fei-
    nen Sohn zu befchneiden.

136. Klias in der Wüfte.